Nathalie Klüver

Deutschland, ein kinderfeindliches Land?

Nathalie Klüver

DEUTSCHLAND, EIN KINDERFEINDLICHES LAND?

Worunter Familien leiden
und was sich ändern muss

Kösel

Sollte diese Publikation Links auf Webseiten Dritter enthalten, so übernehmen wir für deren Inhalte keine Haftung, da wir uns diese nicht zu eigen machen, sondern lediglich auf deren Stand zum Zeitpunkt der Erstveröffentlichung verweisen.

Aus Gründen der leichteren Lesbarkeit konnte eine gendergerechte Schreibweise nicht durchgängig eingehalten werden. Bei der Verwendung entsprechender geschlechtsspezifischer Begriffe sind im Sinne der Gleichbehandlung jedoch ausdrücklich alle Geschlechter angesprochen.

MIX
Papier aus verantwortungsvollen Quellen
FSC® C014496
www.fsc.org

Klimaneutral
Druckprodukt
ClimatePartner.com/14044-1912-1001

Penguin Random House Verlagsgruppe FSC® N001967

Redaktion: Marlene Fritsch
Umschlaggestaltung: zero-media.net, München
Umschlagmotiv: FinePic®, München
Satz: Uhl + Massopust, Aalen
Druck und Bindung: GGP Media GmbH, Pößneck
Printed in Germany
ISBN 978-3-466-37291-1
www.koesel.de

Für Henry, ohne den dieses Buch kaum entstanden wäre.
Mit all meiner Liebe – danke!

Inhalt

Worum es in diesem Buch geht

Neulich war ich mit meinen Kindern auf einem Spielplatz. Wir hätten eigentlich gar nicht da sein dürfen, denn der Spielplatz hatte so eine Art Zwangsmittagspause. Von zwölf Uhr dreißig bis 15 Uhr war das Spielen verboten. Und noch einmal ab zwanzig Uhr bis morgens um neun, so informierte ein großes Schild am Eingang. Kinder über zehn Jahre waren auch nicht erwünscht.

Ein Spielplatz mit Öffnungszeiten – Deutschland im Jahr 2022. Viel deutlicher kann man Kindern gar nicht entgegenschreien: »Ihr seid hier nicht willkommen.« Oder, wie ältere Semester gerne sagen: »Kinder sollte man sehen, aber nicht hören.« Wobei man sie ja oftmals auch nicht sehen möchte, am liebsten nicht einmal ihre Spuren. Das demonstrierte uns gerade erst wieder ein Nachbar, als er sich beschwerte, dass meine Kinder den asphaltierten Fußweg unserer Straße mit Kreide verschönerten. Sie malten Regenbogen, Sonnen, Blumen und all so etwas. So viel Farbe? Bitte nicht vor seinem Haus. Am liebsten gar nicht auf der Straße – wozu gibt es schließlich die eigenen vier Wände?

#Mütend: Eltern am Rande der Erschöpfung

Richtig deutlich zeigte sich der Stellenwert von Familie und Kindern in unserer Gesellschaft während der Coronapandemie, als gerade im ersten Lockdown 2020 ihre Bedürfnisse schlicht nicht auftauchten und komplett ausgeblendet wurden. Die damalige Familienministerin Franziska Giffey saß schon gar nicht erst mit am Tisch des Krisenstabs, als die Maßnahmen dazu geplant wurden. Eine milliardenschwere »Bazooka« für die Wirtschaft, wie der damalige Finanzminister Olaf Scholz vollmundig ankündigte, zauberte die Regierung sofort aus dem Hut. Aber Schulen und Kindergärten wurden geschlossen, einfach so, es gab nicht einmal eine Diskussion darüber, ob das den Kindern guttut und ob es vielleicht auch Alternativen dazu gibt. Man redete nicht drüber, als seien unsere Kinder nicht existent, als sei es schlicht egal, ob und wo sie lernen und ob und wie alle versorgt werden können.

Auch im zweiten Lockdown im Winter 2021 ging man ganz selbstverständlich davon aus, dass Eltern mal so eben nebenbei im Homeoffice noch die Betreuung von Kindergartenkindern und das Homeschooling der Älteren schaffen. Lehrerin, Erzieherin und Journalistin in einem – ich gebe es zu, ohne die Hilfe von *Paw Patrol* und *Peppa Wutz* hätte ich diese Herausforderung nicht gemeistert, und ganz ehrlich: Auch so habe ich, haben wir alle unsere Blessuren davongetragen. Die Mehrfachbelastung hat Spuren hinterlassen, die noch immer sichtbar sind. Und damit stehe ich nicht allein da.

Uns Eltern wuchsen während der Pandemie leider keine zwei zusätzlichen Arme und auch in Sachen Gehirn kam keines dazu. Ein bisschen schriftliches Dividieren erklären, dem Kindergartenkind *Pettersson und Findus* vorlesen, lustige Regenbogen als Fensterdeko basteln und quasi rund um die Uhr für Essen sorgen (Mein Gott, wie viel Kinder so an einem Tag essen, wenn sie nonstop zu Hause sitzen, das sagt einem vorher ja auch keiner!), während man zwischen Zoomkonferenzen und sonstiger Arbeit hin und her switchte – come on, das kann doch nicht so schwer sein!?

War es eben doch, wie Umfragen und andere Auswirkungen zeigen: Die Anfragen nach Mutter-Kind-Kuren stiegen, berichtete das Müttergenesungswerk, ebenso die Zahlen von Kindern mit psychischen Problemen – und die von Eltern, die kurz vorm Burn-out standen oder ihn bereits erlitten hatten. 71 Prozent der Kinder und Jugendlichen fühlten sich, so eine Studie des Universitätsklinikums Eppendorf (UKE), durch die Pandemie psychisch belastet, 65 Prozent der Befragten gaben an, Schule und Lernen anstrengender zu empfinden als vorher.[1]

Familien waren die Leidtragenden der meisten Coronamaßnahmen – insbesondere die Kinder. Die nämlich saßen zum größten Teil immer noch zu Hause im Homeschooling, im Frühjahr 2020 und noch einmal im Frühjahr 2021, während die Profis der Bundesliga wieder vor Publikum kickten oder die Erwachsenen sich im Biergarten trafen. »Lasst uns unsere Kinder doch zum Homeschooling im Biergarten abliefern, damit wir in Ruhe arbeiten können«, schrieben wir uns im Bekanntenkreis mit einer Prise Galgenhumor – jedenfalls die von uns, die noch Zeit und Energie hatten zum Scherzen.

Als die Läden im Frühjahr 2020 wieder aufmachten und die Erwachsenen sich endlich saisongerecht einkleiden konnten (neue Frühjahrskollektion, frisch eingetroffen!), standen die Kinder weiter vor mit Flatterbändern abgesperrten Spielplätzen und grüßten ihre Großeltern durchs Fenster aus der Ferne. In Schleswig-Holstein etwa durften ab dem 18. Mai 2021 die Fitnessstudios und Restaurants wieder öffnen und Touristen das nördlichste Bundesland besuchen, aber Kindergärten konnten erst ab dem 1. Juni in den

»eingeschränkten Regelbetrieb« übergehen, während Schulen ab dem 25. Mai tageweise Unterricht anboten.[2]

Richtig grotesk wurde es schließlich, als Firmen, Verwaltungen und Tagungsräume mit Luftfiltern ausgestattet waren, während man noch über den Sinn von Luftfiltern in Schulen diskutierte und es nicht einmal geschafft hatte, in eineinhalb Jahren Pandemie in jedem Klassenzimmer Fenster einzubauen, die sich nicht nur kippen, sondern ganz öffnen lassen. In Lübeck zum Beispiel wurden im Frühjahr 2022, also zwei (!) Jahre nach Beginn der Pandemie, ganze 52 Luftfilter geliefert. 2 200 Klassenzimmer gibt es in der Hansestadt, die zahlreichen Kindertagesstätten nicht mitgerechnet. Man muss dem eigentlich nichts mehr hinzufügen. Außer vielleicht, dass es zunächst nur 26 Geräte sein sollten, mit denen man Schulen und Kindergärten ausstatten wollte.[3] Man setzt also stattdessen weiterhin auf das bewährte Lüften und Händewaschen als Infektionsschutz. Sollen die Kinder halt eine Extrajacke für die Lüftungspausen mitbringen!

Eine »Bazooka« für Bildung und Kinder? Fehlanzeige! Und von finanziellen Mitteln einmal abgesehen: Nicht mal kreative Konzepte wie kleinere Lerngruppen, Studierende, die das Lehrpersonal unterstützen, oder ungewöhnliche Lernorte wie Turnhallen oder Versammlungsräume mit viel Platz zum Abstandhalten waren im Gespräch.

52 Luftfilter für 2 200 Klassenzimmer nach zwei Jahren Pandemie – ein Symptom für den Stellenwert, den Kinder in unserem Land haben. Dabei hatten Eltern bei jeder neuen Infektionswelle im Land ein Déjà-vu, wenn die Politiker aller Parteien versprachen, diesmal werde man aber auf jeden Fall an erster Stelle an die Kinder denken. Und dann fanden sie sich doch im heimischen Wohnzimmer wieder und konjugierten mit dem Nachwuchs lateinische Verben, während eine Homeoffice-Pflicht von staatlicher Seite weiter abgelehnt wurde. Nicht nur, weil die Schulen

geschlossen wurden, auch weil man sich über den Winter von Quarantäne zu Quarantäne hangelte und so die Kinder nicht mal eben zum Auslüften vor die Tür schicken konnte.

»Wieso seid ihr nicht lauter geworden?«, wurde uns Eltern vorgeworfen, wenn wir uns, am Ende unserer Kräfte, schließlich doch einmal beschwerten. Wieso wohl nicht?! Weil wir nicht mehr konnten. Weil wir schlicht keine Zeit dazu hatten. Und vor allem keine Kraft. Die hatte uns das monatelange Jonglieren zwischen Homeoffice, Homeschooling, Homewahnsinn gekostet. Wenn wir überhaupt so privilegiert waren, im Homeoffice arbeiten zu dürfen. Viele Eltern hatten schlicht keine Wahl und mussten ihre Kinder zur Notbetreuung in die Schule oder in die Kita schicken oder sie zu Hause allein über Bruchrechnung und Co. grübeln lassen.

Eltern brauchen in solchen Situationen Verbündete. Das liegt nicht zuletzt daran, dass der Tag eben immer noch nicht mehr als 24 Stunden hat. Den allermeisten Eltern fehlt schlicht die Zeit, sich in politischen Gremien, in Vereinen oder Verbänden zu engagieren. Als Journalistin habe ich in Zeitschriftenartikeln, auf meinem Blog ganznormalemama.com und meinen Social-Media-Kanälen oft über diese Missstände geschrieben. Vor allem, wenn ich dieses Gefühl, es niemandem recht machen zu können und als Mutter von vielen Seiten Gegenwind zu bekommen, beschrieb, erhielt ich viele – geradezu erleichterte – Rückmeldungen: »Endlich spricht es mal jemand aus« oder »Du bist nicht allein, mir geht es ganz genauso«. Nein, es geht nicht nur einigen Eltern so. Es geht vielen so, aber nicht alle haben noch die Kraft, auf Diskriminierungen und Missachtung im Alltag hinzuweisen.

Als alleinerziehende Mutter von drei Kindern zwischen vier und elf Jahren kenne ich den Gegenwind, der Eltern ins Gesicht weht, nur zu gut. Mehr als einmal habe ich tadelnde Blicke von Außenstehenden geerntet, wenn eins meiner Kinder sich im Wutanfall an der Supermarktkasse auf dem Boden gewälzt hat, in der Öffentlichkeit vermeintlich zu laut war oder wir als Familie irgendwie aufgefallen sind. Ich kenne den täglichen Spagat zwischen Beruf und Kindern, ich erlebe immer wieder Kritik daran, entweder zu viel zu arbeiten (Rabenmutter!) oder aber zu wenig (die Rentenpunkte!). Ich stoße selbst immer wieder auf die vielen Benachteiligungen, die Eltern widerfahren und vor allem begegne ich im Alltag immer wieder dem Gefühl, in dieser Gesellschaft nicht willkommen zu sein, zu stören, aus dem Rahmen zu fallen. Über einige dieser typischen Erlebnisse möchte ich auch in diesem Buch schreiben, denn die Summe dieser Erfahrungen ist es, die mir klar machte: Wir brauchen einen Mentalitätswandel.

Kinderfeindlichkeit zeigt sich in unserem Land auch in politischen und steuerlichen Strukturen, das haben mir die Interviews und Recherchen für dieses Buch deutlich gezeigt. Daran muss sich dringend etwas ändern.

Wir Eltern zerbrachen unter der Last der Pandemie-Monate, fühlten uns alleingelassen und unverstanden. Wir versuchten, unsere Kinder bei Laune zu halten und gleichzeitig den Ansprüchen unserer Chefs gerecht zu werden. Und spätestens dann kam er wieder, dieser Satz, den Eltern immer wieder zu hören bekommen, wenn sie es wagen, sich zu beschweren, sei es auch nur ganz leise, und anmerken, dass es gerade ein bisschen viel ist: »Dann hättet ihr halt keine Kinder bekommen sollen.«

Es sind Erlebnisse wie diese, die Eltern das Gefühl geben, in der Gesellschaft seien Kinder eigentlich gar nicht mehr erwünscht. Eine repräsentative Umfrage des Deutschen Kinderhilfswerks aus dem Jahr 2021 brachte zutage, dass nur 48 Prozent aller Deutschen der Meinung sind, dass Deutschland ein kinderfreundliches Land ist. »Kinderfreundlichkeit beginnt im Alltag, beim direkten und respektvollen Umgang mit Kindern«, sagt mir der Präsident des Kinderhilfswerks Thomas Krüger am Telefon. »Das Übergehen von Kinderinteressen, die Schließung von Spielstraßen, die Verwahrlosung oder der Rückbau von Kinderspielplätzen, Klagen gegen Kinderlärm oder Restaurants und Hotels, in denen Kinder keinen Zutritt haben, sind Anzeichen einer kinderentwöhnten und an manchen Stellen sogar kinderfeindlichen Gesellschaft«, kritisiert er. Die Umfrage des Kinderhilfswerks habe gezeigt: Je weiter man von Kindern entfernt sei, desto weniger sehe man Handlungsbedarf in Sachen Kinderfreundlichkeit. Das sei auch ein Zeichen einer unsolidarischen Geisteshaltung: »In der Gesellschaft gibt es einen Trend, Kinder zu marginalisieren.« Sie werden an den Rand gedrängt, in Kinderzonen wie Spielplätze oder Familienhotels und damit hinaus aus dem öffentlichen Raum. Damit Deutschland aber wieder ein kinderfreundliches Land werden kann, brauche es die gesamte Gesellschaft, nicht nur die Eltern und das unmittelbare Umfeld der Familien, mahnt er an.

Und genau darum soll es in diesem Buch gehen. Ich habe mich auf die Suche danach gemacht, welche gesellschaftlichen und politischen Strukturen dazu geführt haben und noch immer dazu führen, dass Familien in Deutschland benachteiligt, diskriminiert, an den Rand gedrängt werden. Dabei habe ich einige Problemfelder ausgemacht, auf die ich dann in den einzelnen Kapiteln näher eingehen möchte. Aus meiner Sicht sind es folgende Missstände, die dringend behoben werden müssten.

Kinder sind heute eine reine Privatangelegenheit

Der Satz »Dann hättet ihr halt keine Kinder bekommen sollen« fällt im Übrigen ständig, er ist nicht an die Coronapandemie geknüpft, sondern schwebt im Raum, begleitet uns Eltern, sobald wir aus dem Kreißsaal kommen. »Es war eure Entscheidung, Kinder zu bekommen, also seht jetzt zu, wie ihr das hinbekommt.« Das Wörtchen »das« umfasst in diesem Fall so ziemlich alles, was mit dem Nachwuchs in irgendeiner Weise zu tun hat. Kindererziehung ist in Deutschland Privatsache. Der Staat mischt sich nur ein, wenn die Erziehungsberechtigten versagen. Ganz anders denkt man darüber zum Beispiel in unseren skandinavischen Nachbarländern und auch in Frankreich. Hier sind Kinder eine öffentliche Angelegenheit. Der Staat begreift daher eine gut ausgestattete Kinderbetreuung als Recht des Kindes – und sieht sich damit auch in der Verantwortung, den Kindern ein Aufwachsen in einer kinderfreundlichen Umgebung zu ermöglichen.

Wie sehr Eltern in Deutschland alleingelassen werden, zeigt sich vielerorts bereits vor der Geburt des Kindes – denn in immer mehr Gegenden sind Hebammen Mangelware. Ist das Kind auf der Welt, ist auch die Suche nach einem Kinderarzt, der noch neue Patienten aufnimmt, nicht immer sofort von Erfolg gekrönt. »Seht zu, wie ihr das selbst organisiert und eine Hebamme und einen Kinderarzt bekommt«, das wird Eltern signalisiert. Der Mangel an Hebammen ist bekannt und wird von Eltern in diversen Facebookgruppen diskutiert, aber bis in die Talkshows der Republik hat es diese Tatsache noch nicht geschafft – und auch der Staat hat bisher … genau … nichts getan.

Beruf und Familie sind noch immer kaum zu vereinbaren

Bevor ich Mutter wurde, hatte ich dieses verklärte Familienbild vor Augen, das uns auch über die Medien immer wieder transportiert wird: Die vierköpfige Familie, die im weichen Herbstlicht durchs Laub spaziert, lachende Kinder, die nie einen Wutanfall bekommen. Dass ich Hausarbeit und Kinderbetreuung partnerschaftlich aufteilen würde mit dem Vater meiner Kinder hatte ich mir auch fest vorgenommen – um mich dann nach der Geburt meines ersten Kindes in Teilzeit wiederzufinden, und 99 Prozent der Hausarbeit waren von mir zu erledigen. Willkommen in der Realität! Sie hatte nicht viel mit dem zu tun, was man sich vor der Geburt so ausmalt. Und schon gar nicht hätte ich erwartet, dass ich mich in einer solchen Parallelwelt wiederfinde. Ich hatte gedacht, ich würde irgendwie mein altes Leben weiterleben, die Kinder eben dabei bei dem, was ich vorher auch getan hatte. Stattdessen saß ich nun auf Kinderspielplätzen und machte einen Bogen um die Restaurants, in denen ich früher gerne essen war.

Was war ich naiv, bevor ich Mutter wurde! Und so ging es ja nicht nur mir. Denn die meisten Mütter können nicht einfach so wieder in ihren Beruf zurück, schon gar nicht als Vollzeitkraft. Das liegt einerseits an fehlenden Betreuungsplätzen in Kitas und Schulen, andererseits daran, dass auch heute noch Mütter und Väter in Deutschland häufig aufgrund ihres Elternseins diskriminiert werden. Zum Beispiel, indem sie nach der Elternzeit die Kündigung bekommen oder auf eine andere Stelle versetzt werden, die nicht ihren Qualifikationen entspricht. Auch wenn sich gerade in Richtung Vereinbarkeit von Familie und Beruf in den letzten Jahren einiges getan hat, reicht das noch nicht aus, damit Eltern selbstverständlich berufstätig bleiben können – und zwar in dem Maß, wie sie es gerne möchten.

Familien werden finanziell benachteiligt

Wenn man sich heute die gesellschaftlichen Rahmenbedingungen anschaut, stellt man fest: Es wird Frauen und Paaren nicht unbedingt leicht gemacht, sich für Kinder zu entscheiden – in finanzieller Hinsicht, aber auch im Hinblick auf die berufliche Tätigkeit und andere gesellschaftliche Aspekte. So wurde Familienpolitik jahrzehntelang quasi gleichgesetzt mit »Kindergeld erhöhen«. Anstatt die Rahmenbedingungen für Familien so gut wie möglich zu gestalten, stellte man sie hin und wieder durch eine Kindergelderhöhung ruhig – von der nicht einmal alle Eltern profitieren. Und auch in Zeiten, in denen es längst normal geworden ist, als Eltern unverheiratet oder alleinerziehend zu sein oder in einer Patchwork- und Regenbogenfamilie zu leben, ist das Ehegattensplitting noch immer nicht abgeschafft – mehr dazu in Kapitel 4. Dort soll es auch um weitere Ungerechtigkeiten im Steuer- und Rentensystem gegenüber Familien gehen. Es ist also mehr als nur das vage Gefühl, irgendwie mit Kindern zu stören. Es ist schlicht und einfach eine Tatsache, dass Familien durch politische und steuerrechtliche Entscheidungen benachteiligt werden, auch ganz klar finanziell.

Familienpolitik setzt oft die falschen Akzente

»Kinder bekommen sie immer«, sagte der damalige Bundeskanzler Konrad Adenauer in den Fünfzigerjahren des letzten Jahrhunderts und gab damit die Richtung vor, welchen Stellenwert Familienpolitik in seiner Ära hatte: Wer glaubt, dass man »immer« Kinder bekommt, der sieht keine Notwendigkeit darin, das Umfeld so angenehm wie möglich zu gestalten, um die Menschen dazu zu ermuntern, Familien zu gründen. Dann kam die Pille. Und so erlangten Frauen nicht nur sexuelle Freiheit, sondern sie hatten nun auch die Freiheit zu entscheiden: Möchte ich ein Kind? Möchte ich Mutter werden? Wer die Freiheit hat, sich zu entscheiden, der schaut auf die Rahmenbedingungen. Am Stellenwert der Familienpolitik änderte das freilich nichts.

Wie sich in Deutschland Kinderfeindlichkeit äußert, wieso seit Jahrzehnten auf eine falsche Art von Familienpolitik gesetzt wird und warum diese überhaupt Kinderpolitik statt Familienpolitik heißen sollte, davon möchte ich im Kapitel 5 berichten. Ich möchte aber auch einen Weg aufzeigen, wie wir zu einer kinderfreundlicheren Gesellschaft werden können und warum davon die gesamte Gesellschaft profitiert. Dabei werde ich Eltern und Kinder zu Wort kommen lassen, meine eigenen Erfahrungen als dreifache Mutter einfließen lassen und den Blick nach Norwegen, Schweden, Finnland, Dänemark und Frankreich richten, von denen wir uns in vielerlei Hinsicht etwas abschauen können – und das geht weit über die Tatsache hinaus, dass es dort auch auf allen Männertoiletten Wickeltische gibt.

Kinder haben keine Lobby

Wenn Kinder vor allem als Privatangelegenheit ihrer Eltern gesehen werden, hat das gesellschaftliche Konsequenzen. Der deutsche Staat etwa hat beim Thema Kinderrechte vor allem den Schutz des Kindes im Blick – was richtig und auch wichtig ist –, nicht aber die Teilhabe, das Einbeziehen von Kindern in alle Dinge, die ihr Umfeld betreffen. Es ist an der Zeit, dass sich Familien nicht mehr in ihre privaten Komfortzonen zurückziehen. Kinder müssen raus aus dem Privaten und ins öffentliche Bewusstsein gerückt werden, in öffentlichen Räumen präsent sein. Kinder müssen sichtbarer werden – denn wer unsichtbar ist, der wird vergessen.

Zudem haben nicht alle Kinder Eltern, die sich engagieren können, weil sie ihre Möglichkeiten nicht kennen oder der deutschen Sprache nicht mächtig sind oder weil sie nicht die geistigen Fähigkeiten dazu haben. Kinder haben keine Lobby. Aber sie brauchen eine, damit ihre Anliegen gehört werden. Alle Kinder haben es verdient, dass man für sie die Stimme erhebt, auch die, deren Eltern keine Kraft, kein Geld, keine Zeit haben, sich für sie einzusetzen. Wir dürfen kein Kind alleinlassen. Wir dürfen kein Kind zurücklassen.

Es ist endlich an der Zeit für mehr Kinderfreundlichkeit, für mehr Teilhabe am öffentlichen Leben, für eine bessere Vereinbarkeit von Beruf und Familie, ja, generell für die Vereinbarkeit von Familie mit dem öffentlichen Leben. Es ist höchste Zeit für mehr Chancengerechtigkeit, für ein faires Bildungssystem, in dem kein Kind abgehängt wird, in dem das Einkommen der Eltern keine Rolle spielt. Es ist an der Zeit für ein gerechteres Rentensystem, in dem Eltern nicht mehr benachteiligt werden.

Wie es gelingen kann, all das in unserer Gesellschaft und für unsere Kinder Wirklichkeit werden zu lassen, das möchte ich auf den folgenden Seiten zeigen. Denn von mehr Kinderfreundlichkeit profitieren nicht nur Eltern und Kinder, sondern alle, die in unserer Gesellschaft leben: weil sie das Miteinander insgesamt gerechter, lebenswerter und menschenfreundlicher macht.

1
»Wir müssen leider draußen bleiben« – Wo Familien im Alltag unerwünscht sind

Eigentlich wollten wir Winterschuhe kaufen. Aber als meine Kinder gerade beim Anprobieren waren, fiel meiner dreijährigen Tochter auf, dass sie »mal muss«. Die Frage nach der Mitarbeitertoilette im Kaufhaus verneinte die Verkäuferin und verwies auf das Einkaufszentrum nebenan. Also drei Paar Laden-Schuhe wieder ausziehen, drei Paar alte Schuhe wieder anziehen, die mittlerweile weinende Tochter (»Ich muss ganz dringend, Mama, ich kann nicht mehr aushalten!«) unter den Arm geklemmt und über die Ampel zum Einkaufscenter, dann mit der Rolltreppe in den vierten Stock zu den öffentlichen Toiletten. Um dann festzustellen, dass ich die fünfzig Cent Klogebühr nicht zahlen konnte, weil ich nur einen Fünfzig-Euro-Schein hatte, den keiner wechseln konnte, während die Klofrau nur mit den Schultern zuckte und den Weg zu den Toiletten weiter bewachte. In den Tiefen seiner Jacke fand mein Sohn schließlich die rettenden fünfzig Cent, die uns den Weg freimachten. Der wurde jedoch etwa zwanzig Meter vor der Klokabine durch eine Schlange älterer Damen versperrt.

Auf die Frage, ob wir vor dürften, meine Tochter müsse ganz

dringend, folgte entschiedenes Kopfschütteln. Sie müssten schließlich alle, sonst würden sie ja nicht anstehen. Da müsse man sich eben gedulden, das könne man auch von Kindern erwarten. Da müsse man als Mutter halt mal streng sein und konsequent und hart durchgreifen und das ganze ABC der schlauen Sprüche halt. Auch das laute Weinen meiner Töchter konnte keine Herzen zum Schmelzen bringen, stattdessen gab es diese Blicke, die wohl alle Eltern kennen. Diese Blicke mit dem unausgesprochenen Vorwurf: »Sie haben Ihr Kind ja gar nicht im Griff.«

Dieser Blick begegnet Eltern überall im Alltag. Wenn sie mit Kindern Restaurants betreten, wenn sie sich als Familie in ein Zugabteil setzen, wenn sie mit Kindern an der Kasse im Supermarkt warten, wenn sie einem auf dem Laufrad rasenden Kind auf dem Fußweg hinterhereilen. Die Liste ließe sich unendlich fortsetzen. Wir Eltern kennen die hochgezogenen Augenbrauen, das Augenverdrehen oder demonstrative Seufzen, die zum ständigen Begleiter im Leben mit Kindern geworden sind. Wir alle haben Kollegen, die uns Teilzeitarbeitende mit einem »Ich würde den Nachmittag ja auch gerne im Sandkasten verbringen« verabschieden, wenn wir in den Kindergarten eilen, nachdem wir in sechs Stunden das geschafft haben, für das andere acht Stunden Zeit haben. Oder Chefs, die Meetings um 17 Uhr ansetzen und nicht verstehen, dass wir Eltern zu dieser Zeit ganz andere Probleme haben.

Wir fühlen uns unwillkommen, wenn im Restaurant das Leitungswasser für die Kleinkindflasche einen Euro kosten soll, aber die Hunde der Gäste sich am Napf mit frischem Wasser laben dürfen. Apropos Essen: Das ist ja für Säuglinge bekanntlich oft die mütterliche Brust. Und der Hunger bricht bei Babys meist unvermittelt aus und ist nicht unbedingt vorhersehbar. Dass das Stillen in der Öffentlichkeit häufig nicht so gut ankommt, wird gerade in den sozialen Medien immer wieder thematisiert. Viele Mütter kennen die schrägen Blicke und das Unwohlsein, wenn sie vor fremden Augen stillen. So war es bei meinem Sohn, als wir in einem italienischen Restaurant waren. Während ich auf die Pizza wartete, meldete mein damals vier Monate altes Baby Hunger an und ich legte es zum Stillen an die Brust. Nein, ich entblößte nicht den halben Busen, wandte mich sogar diskret ab und drapierte mein Halstuch um den Kopf meines Sohnes. Rücksicht zu nehmen, das lernst du ja schnell als Mutter, es geht dir quasi vom ersten Tag an ins Blut über. Trotzdem fühlten sich Gäste in dem nicht besonders vollen Restaurant gestört und zischelten ein »Mit einem Baby muss man doch nicht in ein Restaurant gehen!« durch den Raum, winkten den Kellner zu sich, der mich umgehend bat, das Baby doch bitte auf der Toilette zu stillen, weil der Anblick die Gäste stören würde. Da ich hungrig und meine Pizza in der Mache war und ich zu überrumpelt, um etwas Schlagfertiges zu entgegnen, fand ich mich also stillend auf der Damentoilette wieder, auf einem Klo ohne Deckel sitzend, während links neben mir eine ältere Dame ächzend pinkelte und ich über das, was in der Kabine rechts von mir geschah, lieber nichts sagen möchte. Nur so viel: Es ist nicht das Umfeld, in dem man sein Essen einnehmen möchte.

Essensfrust statt Essenslust – Restaurantbesuche mit Kindern

Ich sollte wahrscheinlich froh sein, dass ich mit dem Kinderwagen überhaupt ins Restaurant hineinkam und es nicht mit Pollern abgesperrt war wie ein Café in Berlin. Der Besitzer wehrte sich gegen die vielen Mütter, die mit ihren Fahrzeugen für den Nachwuchs seine kinderlosen Café-Gäste »belästigten«, wie er als Begründung in vielen Zeitungsinterviews angab.[1]

Sind es nicht die Kinderwagen, so sind es die Kinder selbst, die im Restaurant oft nicht willkommen sind. Ich stand schon mit meinen drei Kindern in einem halbleeren Restaurant und musste unverrichteter Dinge wieder gehen, weil angeblich alles reserviert war. Das kinderlose Ehepaar, das nach uns kam und offensichtlich ebenfalls nicht reserviert hatte, bekam indes sofort einen Platz. Muss ich erwähnen, dass ich nicht überrascht war? Wo in anderen Ländern eiligst Kinderhochstuhl, Kinderbecher mit Deckel und Malunterlagen für die Kleinen herbeigebracht werden, gibt es in Deutschland viel zu oft nur hochgezogene Augenbrauen. Spielecken sind die Ausnahme und die Auswahl der Kindergerichte beschränkt sich meist auf Chicken Nuggets mit Pommes oder Schnitzel.

Das Ganze gipfelt in »Adults-only-Hotels« oder Restaurants mit »kinderfreien Zonen«. Wobei es ja schon in »normalen« Hotels nicht immer leicht ist, ein Zimmer für eine Familie zu buchen, erst recht, wenn man mehr als zwei Kinder hat. Die Online-Buchungssysteme weigern sich teilweise von vorneherein, für mehr als zwei zu suchen und weisen darauf hin, dass man die Buchung bitte telefonisch regeln solle. Oder man bekommt einfach zwei Zimmer zugewiesen, egal, wie alt die Kinder sind. Da werben Hotels großzügig damit, dass Kinder bis zwölf Jahre kostenfreien Aufenthalt haben – das scheint aber nur für eine gewisse Anzahl von Kindern zu gelten. In vielen Fällen muss man dann nämlich ein Zimmer dazu buchen. Und das kostet natürlich extra: »Aber ich bitte Sie, das ist ja nun auch ein zweites Zimmer.« Das Kind zahle doch trotzdem nichts.

Noch schlimmer ist es im Flugzeug, wenn Kinder ab zwei Jahren fast den vollen Erwachsenentarif zahlen. Da trennt sich dann die Spreu vom Weizen: die, die sich einen Flug leisten können, und die, die mit dem vollgepackten Auto zwölf Stunden im Stau stehen. Familienfreundlich ist etwas anderes.

Natürlich gibt es Ausnahmen, natürlich gibt es auch immer wieder Lichtblicke in Sachen Kinderfreundlichkeit und natürlich kann man auch einfach sagen, ich suche mir jetzt nur noch kinderfreundliche Restaurants und komme damit klar. Aber: Dieses unangenehme Gefühl, nicht willkommen zu sein, spürt man als Eltern viel zu oft. Es begleitet uns von der Geburt an (schon mal Blut und Wasser an der Supermarktkasse geschwitzt, wenn das Baby im Kinderwagen wie am Spieß schreit?) und lässt uns nicht mehr los. Orte, an denen man nicht willkommen ist, meidet man, bewusst und auch unbewusst. Und so verschwinden Familien aus der Öffentlichkeit.

»Kinder gehören bei uns nicht der Privatsphäre, sondern dem öffentlichen Leben an«, so die französische Soziologin Jeanne Fagnani, Direktorin am nationalen Forschungszentrum CNRS in einem Artikel der *Zeit*.[2] Frankreich hat nicht nur eine der höchsten Geburtenraten in Europa – 2020 waren es 1,9 Kinder pro Frau (zum Vergleich die Geburtenrate 2020 in Deutschland: 1,53). In Frankreich sind Kinder auch in Restaurants wie selbstverständlich mit dabei, selbst zu später Stunde, und erhalten ohne Umschweife jedes Erwachsenengericht einfach als halbe Portion, wenn es gewünscht wird. Nichts mit labberigen Pommes rot-weiß, die Kindern hierzulande beim Essengehen kredenzt werden. Verwundert es, dass 82 Prozent der Franzosen ihr Land laut Allensbach-Umfrage für ein kinderfreundliches Land halten[3]? Und verwundert es, dass nur ein Drittel der Deutschen das über das eigene Land sagt? So schlecht urteilt in der Umfrage übrigens kein anderes Land über die eigene Kinderfreundlichkeit.

»Ich war seit drei Jahren nicht mehr richtig gut essen«, sagte kürzlich eine Mutter neben mir auf dem Spielplatz, und eine andere Mutter pflichtete ihr bei: »Wir gehen immer gleich um 17 Uhr, dann ist noch kein anderer im Restaurant und wir stören nicht.« Ernsthaft? Ist das die Lösung? Dass wir uns mit unseren Kindern ganz zurückziehen und den öffentlichen Raum der Ü60-Generation und den Kinderlosen überlassen oder zu den Randzeiten gehen, obwohl wir eigentlich noch gar keinen Hunger haben? Macht ja nichts, Hauptsache Rücksicht genommen und nicht unangenehm aufgefallen. »Meine Kinder sind ja auch manchmal etwas wilder«, sagte die eine Mutter entschuldigend.

Halt, Stopp!

Wieso meinen wir eigentlich immer, dass wir uns entschuldigen müssten? Ja, Kinder sind manchmal lauter als Erwachsene. Und ja, sie zappeln auch mal am Tisch. Aber sie sind so, wie Kinder eben sind, und wer sagt denn, dass der Lärmpegel der Erwachsenen die Norm ist, die für alle gilt? Kinder haben das Recht darauf, Kinder zu sein. Und dazu gehört auch, etwas lauter sein zu dürfen und ja, auch mal zappelig.

Ein neuer Volkssport – Klagen gegen Kinderlärm

Überhaupt, die Sache mit dem »Lärm«: Klagen gegen Kinderlärm scheinen in Deutschland eine Art Zeitvertreib geworden zu sein. So entschied zum Beispiel das Landgericht München im Jahr 2004, dass es keine Mietminderung rechtfertigt, wenn die Kinder morgens laut sind, bevor sie das Haus in Richtung Kindergarten und Schule verlassen. Nicht das Urteil verwundert, sondern vielmehr die Tatsache, dass überhaupt jemand gegen so einen »Tatbestand« geklagt hat. Noch mehr verwundert die Klage eines Ehepaares, das nach einer Donau-Kreuzfahrt vom Reiseveranstalter eine Reisepreisrückzahlung forderte, weil es sich bei den Mahlzeiten durch ein »herumkrakeelendes« Kind gestört gefühlt habe. Das Amtsgericht Rostock entschied, dass dies kein »Reisemangel« sei, da es sich um »hinzunehmendes kindliches sozial adäquates

Verhalten« handele. Der kindliche Bewegungsdrang sei mit Lärm verbunden, der keinen Reisemangel darstelle. Das gelte übrigens auch für ein Essverhalten, das nicht den üblichen Tischmanieren entspricht.[4]

Googelt man »Kinderlärm«, erhält man seitenweise Informationen über die besten Tricks, wie man Klagen gegen spielende Kinder gewinnen kann. Lachen, Toben und Schreien wird ganz selbstverständlich mit Lärmbelästigung gleichgesetzt, mit Ruhestörung, also etwas, das es zu unterbinden gilt. Obwohl zahlreiche Gerichtsurteile entschieden haben, dass Kinderlärm bis zu einem gewissen Grad als zumutbar gilt, wird auf Teufel komm raus nach Möglichkeiten gesucht, sich dagegen zu wehren. Dabei hat sogar das Bundesimmissionsschutzgesetz zu Kinderlärm festgestellt: »Geräuscheinwirkungen, die von Kindertageseinrichtungen, Kinderspielplätzen und ähnlichen Einrichtungen wie beispielsweise Ballspielplätzen durch Kinder hervorgerufen werden, sind im Regelfall keine schädliche Umwelteinwirkung.«[5] So steht es dort schwarz auf weiß seit 2011. Seit 2011! Seit elf Jahren also.

Das ändert nichts daran, dass die Gemüter sich oft sehr erhitzen, wenn es um Kinder geht. »Wie viel Kinderlärm muss man dulden?«, schreibt beispielsweise die Zeitschrift *Mein schöner Garten* und beginnt den Artikel mit den Worten: »Wer kennt das nicht: Da möchte man seinen Feierabend oder das Wochenende in Ruhe im Garten verbringen und vielleicht gemütlich ein Buch lesen, da wird man von spielenden Kindern – deren Geräusche von vielen nicht unbedingt als leise empfunden werden – gestört. Aber kann man dagegen rechtlich überhaupt etwas tun?« Aufgemerkt: Der Artikel erschien im Jahr 2020. Nicht in den Fünfzigerjahren.[6] Spannend ist auch, was die Deutsche Anwaltshotline bedauernd auf ihrer Website schreibt: »In den meisten Fällen sind Sie als Mieter leider machtlos« – aber einige Tipps, wie man eine Unterlassungsklage durchsetzen kann, verspricht die Hotline dann doch, und alternativ könne man eine Mietminderung anstreben, raten die Anwälte.[7]

Wieso reden wir eigentlich von »Kinderlärm«? Ist es wirklich als Lärm zu bezeichnen, wenn Kinder toben, lachen, sich auch mal streiten oder einen Wutanfall bekommen, wie ihn Eltern aller Dreijährigen bestens kennen? Sind es nicht vielmehr altersgerechte Geräusche? Ein ganz normales Verhalten, das zur Kindheit gehört? Wieso stören sich die Nachbarn an tobenden Kindern mehr als an Rasenmähern oder rasenden Autos?

Wird irgendwo ein neuer Spielplatz geplant, hat meist jemand etwas dagegen. Die Beschwerden werden in der Planung berücksichtigt – das ist sogar ausdrücklich in der Gemeindeverordnung vorgesehen –, die Wünsche der Kinder hingegen eher nur in Ausnahmefällen. Dürfen sie die Platzierung der Mülltonnen mitbestimmen, ist das schon einen Zeitungsartikel wert, so selten werden sie in die Gestaltung mit einbezogen. Man kann fast froh sein, wenn sich überhaupt jemand um die Spielplätze kümmert: In unserer Nachbarschaft verging mehr als ein Jahr, bis ein kaputtes Spielgerät repariert war, allen Anrufen bei der »Spielplatz-Hotline« zum Trotz. Es handelte sich lediglich um einen Pfeiler, der neu einbetoniert werden musste. Stattdessen griff man zum Absperrband, davon hatte man ja seit den Spielplatzsperrungen des ersten Coronalockdowns noch genug in der Schublade.

Dass Kinderspielplätze, Kitas oder Schulen in unmittelbarer Nachbarschaft den Preis einer Immobilie mindern, ist kein Geheimnis. 2013 entschied der Verwaltungsgerichtshof Mannheim, dass Kindergärten in reinen Wohngebieten zulässig sind und nicht mehr nur eine Ausnahme darstellen[8] – allein die Tatsache, dass jemand gegen einen Kindergarten im Wohngebiet geklagt hat, zeigt, wie es um die Kinderfreundlichkeit in Deutschland bestellt ist.

Und tatsächlich, Kinderlärm hat auch in der Rechtsprechung seine Grenzen. Nachdem bereits 1982 das Amtsgericht Bergisch-Gladbach in einem Urteil festhielt, dass Kinderlärm nicht als Ruhestörung anzusehen ist, entschied der Bundesgerichtshof 2017[9], dass es vom Einzelfall abhängt, wann der Lärm aus der Nachbarwohnung unzumutbar wird. Dabei spielt auch das Alter der Kinder eine Rolle. Ab dem Grundschulalter gelten sie als »verständig«, man könne ihnen daher zumuten, sich an Ruhezeiten zu halten. In der Regel sind diese von 13 bis 15 Uhr und von 22 bis sieben Uhr. Sollten die Eltern ihre Kinder nicht vom Lärmen abhalten, kann das als Ruhestörung durch Kinder gelten und zu einer Abmahnung führen – und somit im letzten Schritt eine Kündigung des Mietverhältnisses bedeuten.

Im Klartext: Was zumutbar ist, hängt vom Alter der Kinder ab. Schaffen es Eltern nicht, ihren sechsjährigen Filius davon abzuhalten, polternd vom Tisch auf den Boden zu springen, kommen sie ihrer Aufsichtspflicht nicht nach und können abgemahnt werden. Wer Kinder im Vorschul- oder Grundschulalter hat, weiß, wie schwierig es manchmal sein kann, diese Aufsichtspflicht wahrzunehmen. Immerhin: Wenn unsere Babys die ganze Nacht durchschreien, müssen wir uns keine Sorgen machen, dass es Ärger mit der Hausgemeinschaft gibt. Denn Babygeschrei ist laut einem Urteil des Amtsgerichts Düsseldorf von 1997 auch nach 22 Uhr zulässig.

Was jedoch nicht bedeutet, dass alle Nachbarn es ohne Beschwerde akzeptieren, wenn sich des Nachts ein hungriges Baby meldet oder der Dreijährige im Trotzanfall brüllend auf den Boden einhaut. »Da müssen Sie mal hart durchgreifen«, sagte eine ältere Nachbarin zu meiner Freundin, deren Sohn die Trotzphase mit jeder Faser auslebte. Bei einem Bekannten landete gar ein Zettel im Briefkasten, auf dem anonym mit einem Anruf bei der Polizei wegen Lärmbelästigung gedroht wurde, wenn es nicht endlich gelänge, das weinende Baby zu beruhigen. Nur weil etwas per Gesetz erlaubt ist, heißt das noch lange nicht, dass es auch akzeptiert wird.

Platzangst – Als Familie auf Wohnungssuche

Eine Bekannte hatten die nicht enden wollenden Beschwerden der Nachbarschaft so mürbe gemacht, dass sie sich auf die Suche nach einer anderen Wohnung machte. Aber auch das ist leichter gesagt, als getan. Denn möchte man dann mit Kindern umziehen, kommen schon die nächsten Hürden, die es zu nehmen gibt: Je mehr Kinder, umso mehr Probleme haben Familien, geeigneten Wohnraum zu finden. Viele große Wohnungen jenseits der einhundert Quadratmeter werden von gutverdienenden kinderlosen Paaren bewohnt, während sich in den Städten durchschnittlich vier Personen siebzig Quadratmeter und ein Bad teilen.

Dass das mehr als eine gefühlte Wahrheit ist, zeigte Anfang 2022 das Frühjahrsgutachten der Immobilienwirtschaft, das der Branchenverband Zentraler Immobilien Ausschuss (ZIA) in Auftrag gegeben hat. Demnach hat die Anzahl größerer Haushalte in den Städten zugenommen, sich jedoch im Neubau der Anteil der Wohnungen mit vier und mehr Räumen seit den Nullerjahren halbiert. Sie machen heute nur noch etwa zwanzig bis dreißig Prozent des Wohnungsmarktes in Städten wie Berlin, Hamburg, München, Köln, Stuttgart, Frankfurt am Main und Düsseldorf aus. »Es wurde in den letzten Jahren zunehmend an den Bedürfnissen der Familien vorbeigebaut«, schreiben die Autoren in der Studie. Selbst im Sozialbau, auf den der Staat Einfluss nehmen kann, haben beispielsweise in Nordrhein-Westfalen nur 17 Prozent der geförderten Wohnungen vier oder mehr Zimmer. Damit widersprechen die Autoren der Studie der oft genannten These, dass in Großstädten vor allem kleine Wohnungen knapp würden. Die hohe Nachfrage nach großen Wohnungen hat zudem zu deutlich steigenden Mieten in diesem Segment geführt. So kosten in Berlin Wohnungen mit 120 bis 140 Quadratmetern auf den Quadratmeter umgerechnet vierzig Prozent mehr als Wohnungen mit sechzig bis siebzig Quadratmetern.

»Die Folgen gerade für einkommensschwache Familien sind drastisch«, heißt es in der Studie, die ausführt, dass mehr als vierzig Prozent aller einkommensschwachen Mieterhaushalte mit vier Personen mit weniger als achtzig Quadratmetern auskommen müssen, fast jeder fünfte dieser Haushalte mit weniger als 65 Quadratmetern.[10] Das Institut der deutschen Wirtschaft (IW) hat sich den Wohnungsmarkt ebenfalls genauer angeschaut: Den meisten Platz haben ältere Menschen. So hat ein Rentner in Deutschland im Mittel sechzig Quadratmeter Wohnfläche für sich. Auf die Gesamtbevölkerung gesehen, liegt der Mittelwert an Wohnfläche bei 41 Quadratmeter pro Person. Unter 25-Jährige haben demnach dreißig Quadratmeter für sich, über 70-Jährige sechzig. Die Unterschiede werden nicht nur sichtbar, wenn man nach dem Alter unterteilt. So haben Paare ohne Kinder im Mittel fünfzig Quadratmeter pro Person zur Verfügung, Paare mit Kindern dreißig Quadratmeter pro Person, sind es Haushalte mit fünf und mehr Personen, sogar nur 21 Quadratmeter pro Person.[11]

Sind es nicht eigentlich die Kinder, die den Platz brauchen? Rückzugsraum für sich? Platz zum Toben, Spielen, Höhlenbauen, Platz für die Holzeisenbahn und die Lego-Stadt? Platz, um vom Sofa auf eine Matratze zu springen und Purzelbäume zu schlagen?

Verwundert es da, dass immer mehr Familien den großen Städten den Rücken kehren und aufs Land ziehen, auch wenn sie das gar nicht wollen, sondern es schlicht und einfach müssen, weil sie sich die Mieten in der Stadt nicht leisten können oder kein passendes Haus finden, das auch noch finanzierbar ist? Wohnen ist Luxus geworden, erst recht für Familien. Und wo diese wegziehen, werden sie vergessen und die Städte auf die Bedürfnisse der Bewohner zugeschnitten, die lieber eine Café-Bar für ihre morgendliche Kurkuma-Latte vor der Tür haben als einen Kindergarten.

Es ist daher wenig überraschend, dass sich viele Familien gleich ins Private zurückziehen und die Kinder lieber im eigenen Garten auf dem Trampolin springen lassen. Jedenfalls so lange, bis der Nachbar sich beschwert und ein Dezibelmessgerät auf seiner Terrasse aufbaut. Und natürlich gilt das auch nur für die Glücklichen, die überhaupt einen eigenen Garten haben. Bei gemeinschaftlich genutzten Grünflächen kann man dagegen schon froh sein, wenn man eine Sandkiste aufstellen darf. Wehe denen, die in Mietshäusern wohnen, deren Eigentümer das mit den Kindern eher skeptisch sehen! So berichtete mir eine Bekannte, dass sie die kleine Sandkiste, die sie für ihre Tochter im nicht genutzten Innenhof ihrer Wohnanlage aufgebaut hatte, nach dem Protest einiger Nachbarn wieder abbauen musste. Einen Basketballkorb in einer nicht anderweitig genutzten Einfahrt aufzubauen, kann ebenfalls für Ärger sorgen und allein schon aus »optischen Gründen« vom Vermieter verboten werden.

»Rasen betreten verboten« – Wo man überall *nicht* spielen darf

Kinderspielgeräte auf dem Gemeinschaftsgrundstück sind bei unseren Bekannten laut Mietvertrag nicht gestattet. Vermieter können das nämlich verbieten, einfach so, ohne Begründung, dasselbe gilt auch für Haustiere. Es reicht, das Verbot in die Hausordnung zu schreiben. Es muss sich noch nicht einmal jemand dadurch gestört fühlen oder darüber beschweren, denn rechtlich gesehen ist in Deutschland ein Sandkasten, eine Schaukel oder Ähnliches eine bauliche Veränderung und bedarf somit der Zustimmung aller Eigentümer. Dabei spielt es keine Rolle, wie klein der Sandkasten ist – bauliche Veränderung ist bauliche Veränderung. Das Landgericht Frankfurt urteilte im Jahr 2014, dass eine Sandkiste nicht nur eine »Veränderung des äußeren Erscheinungsbildes« ist, sondern auch das Gemeinschaftseigentum an dieser Stelle intensiver genutzt wird, als das ohne Spielgerät der Fall wäre.[12]

Die Deutschen haben ohnehin ein merkwürdiges Verhältnis zu ihren Grünflächen. Bolzen in Parks? Mein Gott! Wie kommt man denn auf so eine Idee? Das geht natürlich nur dort, wo es ausdrücklich erlaubt ist. Ist es nicht ausdrücklich erlaubt, dann ist es verboten. So einfach ist das. Das Schild »Rasen betreten verboten« hat wohl jeder schon einmal gesehen. Das Oberlandesgericht Düsseldorf entschied in einem angezeigten Fall, dass es ausreicht, wenn einer der Eigentümer eines Gemeinschaftsgrundstücks einer Wohnanlage dagegen ist, dass Kinder auf der Grünfläche Fußball spielen[13]. Egal, ob die Mehrheit dafür ist: Eine Gegenstimme reicht und – zack – darf keiner mehr spielen. Schließlich habe der Rasen den Zweck, »das gemeinschaftliche Grundstück optisch ansprechend zu gestalten«, heißt es im Urteil. Ballspielen stelle »keinen ordnungsgemäßen Gebrauch« des Gemeinschaftseigentums dar, so die Begründung der Richter. »Sichtrasen« nennt man solche Grünflächen, noch so ein typisch deutsches Wort. Der Sichtrasen dient der optischen Gliederung, da bleibt kein Platz für Kinder.

Das muss man sich einmal auf der Zunge zergehen lassen: Selbst wenn in einer Wohnanlage zehn Familien und eine Ruhe liebende Dame oder ein Ruhe liebender Herr leben, kann diese *eine* Dame oder dieser *eine* Herr das Spielen auf dem Gemeinschaftsgrundstück und das Aufstellen von Sandkiste, Schaukel und Co. verbieten. Wenn die Hausverwaltung es einfacher haben möchte, dann verbietet sie in der Hausordnung generell das Spielen. »Hausordnung« ist überhaupt das Zauberwort. Sie wird vom Vermieter oder der Hauseigentümergesellschaft aufgestellt und regelt so ziemlich alles im Haus bis ins kleinste Detail. Dabei ist die Entscheidung, ob Kinder auf den Gemeinschaftsflächen spielen dürfen oder nicht, ob ein Rasen zum Fangenspielen gedacht ist oder nur als reiner Sichtrasen fungiert, nur eine unter vielen Verboten oder Erlaubnissen. An der Hausordnung ist nicht zu rütteln, die hat man zu befolgen.

Wie kann es sein, dass ein Sichtrasen wichtiger ist als Kinder? Was sagt das über den Stellenwert der Bedürfnisse von Kindern, die man gewillt ist, ihnen im Gefüge des Zusammenlebens einzuräumen? Man hat den Verdacht, dass auch die Kinder wie ein Sichtrasen sein sollten: nur zu sehen, nicht zu hören.

Im Einzelnen sind diese Dinge vielleicht noch zu ertragen, aber zusammen gesehen und vor allem immer wieder in ihrer Gesamtheit erfahren, erzeugen sie ein Klima, in dem es Eltern und Kinder schwerhaben und sich nicht wohlfühlen.

Im Abteil mit »Gleichgesinnten« – Bahnfahren mit Kind

Den Fehler, mit vollgepacktem Kinderwagen auf Reisen zu gehen, habe ich genau einmal gemacht. Danach habe ich, wo ich nur konnte, vermieden, mit Kinderwagen die öffentlichen Verkehrsmittel zu benutzen. Davon rät ja sogar die Deutsche Bahn auf ihrer Webseite ab: Sie empfiehlt den Eltern, lieber auf eine Trage oder, wenn es denn gar nicht anders geht, ein besonders kleines Buggymodell zurückzugreifen.[14]

Ich wollte mit dem Bus zum Bahnhof, um von dort aus mit dem Zug von Lübeck nach Berlin zu fahren. Da stand ich also an der Haltestelle, den Kinderwagen vor mir, als der Bus kam. Es war eins der modernen Modelle, die sich absenken lassen, doch der Abstand zum Kantstein war trotzdem so groß, dass ich den Kinderwagen ein ganzes Stück nach oben hieven musste. Die anderen Fahrgäste starrten mich an, wie ich mich damit abmühte, bis ich fragte, ob mir nicht mal jemand helfen könne. Ein Teenager packte schließlich mit an. Ich parkte den Kinderwagen und machte mich auf zum Fahrer nach vorne, um das Ticket zu lösen. Mein Kind schrie, als ich aus seinem Blickfeld verschwand, was eine Dame zu einem lauten Aufstöhnen veranlasste. Kaum hatte ich mich an den anderen Fahrgästen vorbei wieder zu meinem Kind zurückgedrängelt, musste ich auch schon aussteigen und zum Hauptbahnhof eilen. Immerhin gab es einen ebenerdigen Einstieg in den Zug, das war schon mal gut und leider auch keine Selbstverständlichkeit. Aber es handelte sich um einen Doppelstockwagen, bei dem man entweder eine Treppe hoch oder eine Treppe nach unten muss, um zu einem Sitzplatz zu gelangen. Also setzte ich mich neben den Kinderwagen mit dem endlich schlafenden Kind auf die Treppenstufen und harrte der Dinge, die da kommen mögen. Am Hamburger Hauptbahnhof angekommen, musste ich zum Umsteigen erst ans andere Ende des Gleises schieben, um zu dem kleinen Fahrstuhl zu gelangen, in den bei jeder Fahrt knapp ein Kinderwagen passt. Oder aber zwei Menschen ohne Kinderwagen.

Und von diesen Menschen ohne Kinderwagen standen etwa zehn vor mir, auch wenn neben dem Fahrstuhl eine Rolltreppe nach oben führte. Auf meine Bitte, ob sie mich nicht vorlassen könnten, mein nächster Zug fahre in wenigen Minuten, sagte ein Herr: »Wir haben alle keine Zeit.« Er war etwa fünfzig Jahre alt und noch gut zu Fuß, wie ich feststellte, als er den Fahrstuhl betrat. Als ich später einer Freundin von meinem Erlebnis erzählte, sagte sie nur, ich hätte ja Glück gehabt, dass es überhaupt einen Fahrstuhl gegeben habe, sie habe ihren Kinderwagen schon häufiger steile Treppen zu den Gleisen hinunter und wieder hinaufgetragen müssen.

Knapp schaffte ich es zu meinem Anschlusszug, einem ICE, wo ich den Kinderwagen im Einstiegsbereich parken musste. Da stand er etwas im Weg, aber was sollte ich machen? Durch die Gänge passte er nicht. Einen Platz im Kleinkindabteil hatte ich nicht mehr reservieren können, denn alle fünf Plätze dort waren bereits belegt gewesen. So ein zwölfteiliger ICE4 wie der, mit dem ich fuhr, hat 830 Sitzplätze. Fünf davon gibt es im besagten Kleinkindabteil. Der Familienbereich hat 16 Plätze. Da passen also fünf vierköpfige Familien hinein. Fährt man mit einem Intercity im Fernverkehr, gibt es statt 21 dieser Familienplätze sogar nur 18, nämlich zwei Familienabteile mit sechs Plätzen und ein Kleinkindabteil mit vier Sitzen. Zum Wickeln muss man sich übrigens, wenn man das nicht einfach auf dem Boden tun möchte, auf eine kleine Reise begeben: Der Wickeltisch befindet sich meist im behindertengerechten WC. Warum ist ein staatliches Unternehmen wie die Deutsche Bahn nicht dazu verpflichtet, mehr Familienplätze anzubieten? Warum gibt es keine gesetzliche Vorgabe für eine Mindestanzahl von Wickeltischen? Denn ganz ehrlich: Ein Wickeltisch für einen ganzen ICE, das ist eine Zumutung für Familien mit kleinen Kindern. Das Argument, es sei ja nur in der Rollstuhlfahrer-WC-Kabine Platz dafür, zieht nicht. In Flugzeugen sind die Toiletten kleiner als in der Bahn und dennoch gibt es dort ausklappbare kleine Wickeltische. Technisch ist so etwas kein Problem.

»Aus Gästebefragungen wissen wir, dass es sich unter Gleichgesinnten entspannter Reisen lässt. Vor diesem Hintergrund haben wir die Familien- und Kleinkindbereiche konsequent in der Gesamtflotte ausgebaut«, teilt mir eine Sprecherin der Deutschen Bahn auf Anfrage mit. Nun, vielleicht ist dieser »konsequente Ausbau« noch nicht abgeschlossen? Mal ehrlich: 21 von 830 Sitzplätzen für »Gleichgesinnte« – da ist eindeutig noch Luft nach oben. Knapp ein Achtel der Bevölkerung ist unter 14 Jahre, aber in einem ICE sind 0,02 Prozent der Sitzplätze als Familienplätze gedacht?

Obwohl ich einige Tage vorher reservieren wollte, waren die Familienplätze bereits ausgebucht, weshalb mich die Sitzplatzreservierung in ein Ruheabteil verfrachtet hatte. Worüber mich zwei flotte Mittsechzigerinnen auch gleich zur Begrüßung informierten: »Sie sind hier falsch, das ist die Ruhezone.« Sehr freundlich nickte ich zurück und nahm mit meinem zwei Jahre alten Sohn Platz, ignorierte die genervten Blicke und träumte mich mal wieder nach Finnland. Dort hatte ich einmal in einem Langstreckenzug mehrere Stunden in einem Spielabteil verbracht. Man hat in diesen Zügen tatsächlich einen richtigen kleinen Spielplatz für die jüngsten Fahrgäste eingerichtet, in dem getobt und gelärmt werden darf.

Bahnfahren könnte *das* familienfreundliche Verkehrsmittel schlechthin sein: keine Staugefahr wie im Auto, kein Auf-den-Sitzen-angeschnallt-und-eingepfercht-Sein wie im Flugzeug, sondern Platz zum Bewegen, Tische zum Kartenspielen oder Malen und jederzeit eine Toilette in der Nähe, sodass nicht erst Ausschau nach dem nächsten Rastplatz gehalten werden muss. Zudem noch gut für die Ökobilanz. Das hat auch die Deutsche Bahn erkannt, deren Sprecherin sich mir gegenüber in ihrer E-Mail familienfreundlich präsentierte: »Wir sind davon überzeugt, wer als Kind an Bahnfahren herangeführt wird und positive Erfahrungen mit diesem Reisemittel sammelt, der wird auch als Erwachsener gerne mit der Bahn reisen. Nur wenn wir auch Kinder als Kunden von morgen gewinnen, können wir unser Ziel erreichen, mehr Verkehr auf die umweltfreundliche Schiene zu verlagern.«

Doch wer sich schon einmal mit Kindern an einem zugigen Bahnhof beim Umsteigen einige Zeit um die Ohren schlagen musste, hat spätestens dann gemerkt, dass das kein Spaß ist. Es gibt wenige Orte, die kinderfeindlicher sind als ein enges Bahngleis, auf dem die wenigen Bänke meist belegt oder verdreckt sind. Beheizte Warteräume mit genügend Sitzmöglichkeiten und Kinderspielmöglichkeiten fehlen genauso wie Familienabteile, in denen Kinder herumlaufen können, und Kinderwagenabstellplätze, die so groß sind, dass niemand über die Reifen stolpert. Es bräuchte doch eigentlich gar nicht viel. Und andere Länder machen es vor, wie familienfreundliches Bahnfahren funktionieren kann. Immerhin – die lustigen Spielzeuglokomotiven und Rätselhefte, die es für Kinder im Speisewagen der ICEs gibt, sind ein Anfang, und meine Kinder freuen sich auf Zugreisen immer noch darüber. Ebenso das Basteln mit Zugbetreuern, das auf Langstrecken für Kinder angeboten wird. Aber diese Angebote gibt es eben nur in ICEs, genauso wie das Kleinkindabteil mit Wickeltisch, das zwar klein, aber immerhin vorhanden ist.

Wirklich familienfreundlich wäre es zudem, wenn Sitzplatzreservierungen für Familien kostenfrei wären, denn gerade mit kleineren Kindern ist man darauf angewiesen, zusammenzusitzen. Zusätzlich würden mehr Sitzmöglichkeiten, kleine Spielgelegenheiten und mehr Sicherheit an den Bahngleisen das Reisen als Familie mit der Bahn deutlich einfacher machen. Und natürlich wäre es wünschenswert, wenn die Bahnhöfe wirklich barrierefrei wären – davon würden außer Familien auch Rollstuhlfahrer, auf Rollatoren angewiesene Menschen und Trolley-Zieher profitieren. All diese Dinge würden helfen, mehr Familien dazu zu bewegen, die Bahn als Fortbewegungsmittel und damit eine umweltfreundlichere Alternative als das Auto zu wählen.

»Ich geb Gas, ich hab Spaß« – Unterwegs im Straßenverkehr

Zugreisen ist für Familien mit Kindern – wie zuvor beschrieben – oft beschwerlich. Da ist es nicht verwunderlich, dass viele doch das Auto als Fortbewegungsmittel bevorzugen. Zudem ist es häufig günstiger und man muss nicht an überfüllten Bahnsteigen darauf achten, dass die Kinder bloß nicht ins Gleisbett fallen. Für Urlaubsreisen wählen daher auch 52 Prozent der Familien das eigene Auto, wie das Statistische Bundesamt im Jahr 2019 erhoben hat.[15] Bei den Kinderlosen waren es nur 36 Prozent. Aber für Familien bleibt das Auto auch das Fortbewegungsmittel im Alltag. Was zumindest den Vorteil hat, dass man mit seinem Kind im Fahrzeug sitzt und sich nicht als Fußgänger oder Radfahrer durch den Straßenverkehr quälen muss.

Der Straßenverkehr ist alles andere als ein sicherer Ort für Kinder. Im Jahr 2020 verunglückten in Deutschland 22 462 Kinder, 48 wurden dabei getötet – 18 von ihnen als Mitfahrende im PKW, 15 als Fußgänger und neun beim Fahrradfahren.[16] Das waren übrigens weniger als in den Jahren zuvor. Der Grund: Durch den Lockdown und die Schulschließungen waren einfach weniger Kinder im Straßenverkehr unterwegs.

Die Verkehrssicherheit in Deutschland orientiert sich nicht an der »Vision Zero«, wie sie beispielsweise in Schweden seit mehr als zwei Jahrzehnten Maxime ist. Damit ist gemeint, dass es kein einziges Verkehrsopfer mehr geben soll. Warum hat sich eigentlich das Verkehrsministerium in Deutschland nicht ein solches Ziel gesetzt? Die Zahlen zeigen, wie weit wir davon noch entfernt sind. Schweden zählte laut Road Safety Report der WHO im Jahr 2018 2,8 Verkehrstote auf 100 000 Einwohner, Deutschland hingegen 4,1.

Das liegt nicht nur daran, dass Schweden ein dünnbesiedeltes

Flächenland mit weniger Einwohnern und weniger Metropolen ist, sondern auch daran, dass in Schweden strenge Geschwindigkeitsbegrenzungen gelten, deren Überschreitungen teuer sind. Zudem wird nach jedem tödlichen Unfall eine Expertenkommission eingesetzt, die genau unter die Lupe nimmt, wieso es dazu kam und wie man die Straße an dieser Stelle noch sicherer machen kann.[17] Innerorts wurden bei unseren nordischen Nachbarn außerdem viele Straßen verengt, denn so steigen Autofahrer weniger aufs Gas, als wenn sie – vermeintlich – freie Bahn und Sicht haben. Im deutschen Straßenverkehrsrecht gibt es keine Paragrafen, die Bedürfnisse von Kindern ausdrücklich erwähnen, dabei wären sichere Straßen gerade für jüngere Kinder ein wichtiger Aspekt, um sich die ersten Wege, die sie allein gehen, zu erobern.[18]

Deutschland ist ein Autoland, in dem nicht nur die Automobilkonzerne eine starke politische Lobby haben, sondern auch die Autofahrer, die unter anderem durch den ADAC mit seinen mehr als 21 Millionen Mitgliedern vertreten werden. Die Verkehrspolitik ist auf den Verkehrsfluss ausgerichtet, über Staus und fehlende Parkplätze wird in den Medien häufiger berichtet als über fehlende Zebrastreifen. Wenn beispielsweise in meiner Heimatstadt neue Baustellen eingerichtet werden, ist es der Tageszeitung ganzseitige Berichterstattungen wert, inklusive der besten Staumfahrungstipps. Wird auf einem viel befahrenen und genutzten Schulweg ein Zebrastreifen entfernt, nimmt man das so hin. Der sei ja schließlich in einer Dreißiger-Zone gewesen, wo nach Straßenverkehrsordnung Zebrastreifen entbehrlich seien. Entbehrlich, so steht es in §26 der StVO, was viele Kommunen mit »überflüssig« gleichsetzen. Immer wieder werden daher Forderungen von Eltern nach Zebrastreifen auf Schulwegen mit diesem Hinweis abgelehnt: »In einer Dreißiger-Zone sind Zebrastreifen laut StVO entbehrlich.« Auch Ampeln sind nur zulässig, wenn sie

»dem Schutz des Fußgängerverkehrs dienen und vor 2000 eingerichtet wurden«.

Für die Einführung von Dreißiger-Zonen muss laut Straßenverkehrsordnung ein »konkreter Grund« vorliegen. Seniorenheime, Kindergärten und Schulen sind solche Gründe, aber das auch erst seit 2017. Noch schwieriger auszuweisen sind Spielstraßen, auf denen Fußgänger die gesamte Fahrbahn benutzen dürfen und Vorrang vor Autos und Fahrrädern haben. Kinder dürfen hier beim Spielen auf der Straße nicht von Autos behindert werden. Doch selbst wenn ein Bereich als verkehrsberuhigte Zone ausgewiesen ist, ist das keine Garantie dafür, dass die Autofahrer wirklich nur Schrittgeschwindigkeit fahren. Wir wohnen in einer solchen verkehrsberuhigten Zone, wie sich eine Spielstraße offiziell nennt, und die Zahl der Fahrzeuge, die nicht mehr als sieben Stundenkilometer fährt, lässt sich am Tag an beiden Händen abzählen. Nicht einmal auf der Straße spielende Kinder bringen die Autofahrer dazu, die Geschwindigkeit zu reduzieren.

Raserei ist hierzulande ein Kavaliersdelikt, gar etwas, womit man sich brüstet. Während man in den Nachbarländern wie Dänemark schon für geringe Geschwindigkeitsübertretungen 135 Euro Bußgeld berappen muss, zahlt man in Deutschland, wenn man beispielsweise in einer Dreißiger-Zone fünfzig fährt, ganze siebzig Euro. Dabei passieren gerade innerorts die meisten Unfälle, doppelt so viele wie außerhalb von Ortschaften. In Bezug auf Kinder ist das Verhältnis sogar 15 zu 1. Der häufigste Grund für diese Unfälle mit Kindern innerhalb von Ortschaften: überhöhte Geschwindigkeit. Kinder können – und das ist durch die Entwicklung bedingt – Geschwindigkeiten nicht richtig einschätzen. Erst mit neun, zehn Jahren lernen sie es, wenn auch das räumliche Sehen ausreift. Drei- bis Vierjährige können nicht einmal wirklich ein stehendes von einem fahrenden Auto unterscheiden, wie eine Studie aus England zeigt.[19]

Verschiedene Untersuchungen machen deutlich, dass in Tempo-dreißig-Zonen vierzig Prozent weniger Unfälle als in vergleichbaren Tempo-fünfzig-Zonen passieren. Ein Blick auf den Bremsweg zeigt, warum das so ist: Tritt ein Kind 15 Meter vor ein fünfzig Stundenkilometer fahrendes Auto, trifft das Auto mit einer Geschwindigkeit von 47 Stundenkilometer auf dieses Kind – vorausgesetzt, der Fahrer oder die Fahrerin macht eine Vollbremsung. Fährt dieser PKW jedoch nur dreißig Stundenkilometer, so kommt er bei einer Vollbremsung rechtzeitig vor dem Kind zum Stehen. Ihm passiert nichts. Selbst, wenn das Auto das Kind erwischen würde, wäre die Gefahr, schwer verletzt zu werden, deutlich geringer. Da fragt man sich schon, warum es auf so großen Widerstand stößt, innerhalb von Ortschaften generell eine Geschwindigkeitsbegrenzung von dreißig Stundenkilometer einzuführen.

Die Konsequenz für viele Eltern: Aus Sorge um ihre Kinder lassen sie sie nicht auf und an den Straßen spielen, sondern lieber im heimischen Garten – wenn denn vorhanden – oder auf Spielplätzen. Weil Autofahrer rasen, werden Kinder auf umzäunte Spielplätze zurückgedrängt – raus aus der Öffentlichkeit. »Kindeswohl hat auch etwas damit zu tun, wie sicher sich Kinder durch urbane Räume bewegen können«, sagt auch Thomas Krüger, Präsident des Deutschen Kinderhilfswerks, im Interview zum Buch und mahnt nicht nur mehr Rücksichtnahme im Straßenverkehr, sondern auch mehr autofreie Räume in den Städten an, um Kindern mehr Platz zum Spielen und zur Entfaltung zu geben.

»Skateranlage in Travemünde wird vierzig PKW-Stellplätze kosten« titelten die *Lübecker Nachrichten* im September 2021. »Geopfert« sollten die Parkplätze werden, wurde dem geneigten Leser erklärt. Vierzig Autoparkplätze von 2 800 Parkplätzen am Strand von Travemünde (die überhaupt nur in den sechs Monaten Strandsaison gebraucht werden). Aufschrei, Skandal, wie kann man nur?! Ja, wie kann man nur? Wie kann man nur Autos so viel Platz einräumen und Kinder immer weiter aus dem öffentlichen Leben herausdrängen? Vielleicht hängt es damit zusammen, dass der ADAC eben mehr als 21 Millionen Mitglieder, der Deutsche Kinderschutzbund aber nur etwas mehr als 50 000 hat.

Wie wäre es, wenn wir den öffentlichen Raum wieder zurückeroberten? Niemand muss durch ein Wohngebiet rasen. Für viele Autofahrerinnen mag es Stressabbau oder Unachtsamkeit sein – aber müssen wir das als Gesellschaft, als Eltern hinnehmen? Sicher nicht.

Eine weitere Schwierigkeit im öffentlichen Raum und im Straßenverkehr sind Kinderwagen. Das fängt schon damit an, dass viele Entgegenkommende einem auf schmalen Fußwegen keinen Platz machen oder Autos den Gehweg halb zuparken, sodass man das Gefährt umständlich den Bordstein hinunter auf die Straße und wieder hinauf bugsieren muss, um anderen auszuweichen. Umso mehr staunte ich, als ich in Finnland nicht nur jede Tür aufgehalten bekam, sondern vor einem Museum sogar einen »Kinderwagenparkplatz« sah, überdacht und als solcher ausgeschildert. In Helsinki gab es einige dieser Kinderwagenparkplätze. Es lohnt sich nämlich, in der finnischen Hauptstadt einen Kinderwagen dabei zu haben, denn für Eltern mit Kindern im Kinderwagen, Buggy oder in der Babytrage ist die Nutzung der öffentlichen Verkehrsmittel kostenlos. Beides wäre eine gute Idee, um in Deutschland Eltern und Familien zu entlasten und das Unterwegssein für sie unkomplizierter zu machen.

Selbstverwirklichung statt Kinder?

Die Geburtenrate stagniert in Deutschland seit einigen Jahren. Zur Jahrtausendwende lag sie noch bei 1,38 Prozent, durch die Einführung des Elterngeldes und Verbesserungen bei der Vereinbarkeit von Familie und Beruf stieg die Geburtenrate bis zum Spitzenwert von 1,59 im Jahr 2016. 2020 waren es dann aber nur noch 1,53 Kinder pro Frau, vier Jahre in Folge ist die Geburtenrate damit gesunken. Zum Vergleich: In Frankreich lag die Geburtenrate im Jahr 2020 bei 1,9 Kindern pro Frau, in Schweden bei 1,8.

Kinder werden in Deutschland oft als Kostenfaktor empfunden, als Hindernis bei der Selbstentfaltung, als Spaßbremse – das ist ein Bild, das viele Paare davon abhält, Kinder zu bekommen. Nur 63 Prozent aller 16- bis 29-Jährigen in Deutschland gaben dem Familienreport 2020 des Bundesfamilienministeriums zufolge an, sich »bestimmt« Kinder zu wünschen.[20] In einer Umfrage der BAT-Stiftung für Zukunftsfragen nannten 63 Prozent der Befragten die hohen Kosten für Kinder als Hauptgrund für die Entscheidung gegen ein Kind. Als zweitwichtigster Grund wurde von den Befragten angegeben, die persönliche Freiheit nicht aufgeben zu wollen, gefolgt von dem Grund, die Karriere sei wichtiger als die Familiengründung.[21]

Warum werden Kinder in unserer Gesellschaft so häufig als »etwas« gesehen, das kostet, aber nicht bereichert? Klar, Reisen werden teurer mit Kindern – besonders wenn man ab dem Schulalter auf die besonders nachgefragten Ferienzeiten angewiesen ist. Klar, abends zusammen ausgehen bedarf einiger Organisation (aber es wird ja nicht unmöglich!), und klar, das mit dem Ausschlafen hat sich für einige Jahre erledigt. Doch all diese vermeintlichen Nachteile sind von zeitlich begrenzter Dauer. Was vielen Jugendlichen und jungen Erwachsenen oft fehlt, sind Vorbilder, auch außerhalb der eigenen Familie. Was wiederum auch an der fehlenden Präsenz von Familien in der Öffentlichkeit liegt: Je weniger man sieht, dass das Leben mit Kindern nicht nur anstrengend, sondern auch bereichernd ist, umso schlechter kann man es sich vorstellen.

»Wir sind kein kinderfeindliches, aber ein kinderentwöhntes

Land«, schreibt die ehemalige SPD-Familienministerin Renate Schmidt in ihrem Buch *Lasst unsere Kinder wählen!*, in dem sie sich für ein Wahlrecht für Kinder stark macht. Sie trifft damit einen empfindlichen Punkt: Wenn Familien sich zurückziehen aus der Öffentlichkeit, wenn die Gesellschaft also »kinderentwöhnt« ist, werden die Gewohnheiten und Ansprüche der Erwachsenen zur Norm, die immer weniger Abweichungen toleriert. Wer nie mit Kindern in einem Restaurant sitzt, der wundert sich darüber, wie viel Essen auf dem Boden landen kann und wie lautstark ein Kleinkind »Ich muss Kacka!« rufen kann – und fühlt sich gestört durch ein Verhalten, das eigentlich normal ist, nur viel zu sehr aus der eigenen Normalität herausgehalten wird.

Aber es sind ja nicht nur diese »Wohlfühlaspekte«, die vom Kinderbekommen abhalten. Dass sich Karriere und Kinder schwierig vereinbaren lassen, ist leider noch immer ein Fakt, wie wir im nächsten Kapitel sehen werden.

2
Und ewig ruft das schlechte Gewissen – Vereinbarkeit von Familie und Beruf

Neulich traf ich nach längerer Zeit einen früheren Kollegen, zufällig liefen wir uns in der Stadt über den Weg. Wir kamen ins Gespräch – »Wie läuft es in der Redaktion? Schreiben Sie immer noch für das Ressort? Und herzlichen Glückwunsch, Sie sind Mutter geworden, habe ich gehört?« – was man halt so redet, wenn man sich einige Jahre nicht gesehen hat. »Ja, mittlerweile habe ich drei Kinder«, sagte ich und wollte gerade anfügen, was sich beruflich so verändert hat, da wurde ich jäh unterbrochen: »Sie haben drei Kinder? Na, da erübrigt sich die Frage nach der beruflichen Tätigkeit wohl.«

Der frühere Kollege ist keiner »vom älteren Semester«, wie man so schön sagt, sondern ein Mann Ende vierzig, selbst mehrfacher Vater, studiert, gebildet, erfahrener Redakteur. Ich setzte gerade an zu berichten, dass ich als Selbstständige auch während aller drei Elternzeiten weitergearbeitet hatte, da unterbrach er mich erneut: »Also meine Frau hat ja auch bei allen Kindern die ersten drei Jahre mit der Arbeit pausiert.« Es folgten einige Sätze, in denen Formulierungen wie »Kinder brauchen nun mal ihre Mutter« und »am besten kümmert sich eben immer noch die Frau um die Kinder« vorkamen, was berufstätige Mütter schon auswendig können. Auf die Gefahr hin, mich zu wiederholen, möchte ich noch einmal anmerken, dass vor mir kein Herr stand, der in den Fünfzigerjahren Kinder bekommen hatte, auch wenn sich seine Ansichten sehr nach einer derartigen Zeitreise anhörten.

Wenn er mit seinen Worten wenigstens Verständnis hätte ausdrücken wollen. Verständnis dafür, dass es auch im Jahr 2022 noch schwierig ist, Kinder und Beruf zu vereinbaren. Wenn er Solidarität mit den unzähligen Müttern gezeigt hätte, die täglich an ihre Grenzen gehen bei dem Versuch, allen gerecht zu werden und doch mit dem schalen Gefühl im Bauch einschlafen, es mal wieder nicht geschafft zu haben – weder den Kindern, noch dem Chef, dem Partner und schon gar nicht sich selbst. Denn das ist es, was am Ende allzu oft bleibt: die bittere Erkenntnis, dass die Vereinbarkeit von Beruf und Familie ein theoretisches Modell ist, das in der Praxis sozusagen an allen Ecken und Enden klappert und eiert, einfach nicht rundläuft. Und zwar vor allem für Mütter.

Als Mutter bist du in Deutschland benachteiligt. Kinder zu haben, schmälert deine Karrierechancen. Auch das ist ein Ausdruck von Kinderfeindlichkeit. Denn Kinder werden im Berufsleben häufig als nerviges Anhängsel betrachtet, etwas, das die Mütter am Ausüben ihrer Tätigkeit hindert und ihre Produktivität mindert.

Das führt noch immer oder immer deutlicher dazu, dass sich gut ausgebildete Frauen, die zufrieden sind in ihrem Job, gegen Kinder entscheiden. Besonders hoch ist der Anteil der Kinderlosen daher unter den Akademikerinnen: 2018 lag er bei 26 Prozent. Damit zeigt sich auch in Deutschland ein Trend, den Statistiken in vielen Ländern belegen: Je besser ausgebildet Frauen sind, desto weniger Kinder bekommen sie.

Aber es gibt auch eine andere Statistik: In den europäischen

Staaten, in denen sich Beruf und Familie am besten vereinbaren lassen, sind die Geburtenraten am höchsten. Das zeigen zum Beispiel Länder wie Frankreich, Dänemark, Schweden oder Island. Ein Blick auf die OECD-Statistiken macht deutlich, dass die Länder mit höheren Geburtenraten nicht nur bessere Kinderbetreuungsmöglichkeiten haben, dort ist auch die Gleichberechtigung deutlich stärker in der Gesellschaft und der staatlichen Politik verankert.[1] Die Vereinbarkeit von Beruf und Familie ist deshalb einer der wesentlichen Hebel für mehr Kinderfreundlichkeit. Denn die Grundlage einer kinderfreundlichen Politik ist eine frauenfreundliche Politik, die für eine bessere Vereinbarkeit von Familie und Beruf und gelebte Gleichberechtigung sorgt.

Frisch aus der Elternzeit zurück und schon gekündigt – Elterndiskriminierung am Arbeitsplatz

Es ist ja nicht so, dass nichts geschehen wäre. Seit den 2000er-Jahren hat sich die Familienpolitik immer mehr dem Thema Vereinbarkeit von Familie und Beruf gewidmet und erkannt, wie wichtig das auch in Bezug auf die Entwicklung der Geburtenraten ist. Wir haben das Elterngeld, wir haben den rechtlichen Anspruch auf einen Kindergarten- und Krippenplatz, wir haben immer mehr Ganztagsschulen und die Zahl der Krippenplätze ist ebenfalls gestiegen. Aber: Es sind immer noch hauptsächlich die Mütter, die Elternzeit nehmen. Der Großteil der Väter nimmt nicht mehr als die zwei »Vätermonate« als Elternzeit, die zudem dann häufig im Urlaub verbracht werden. Also beschränken sie sich auf das nötige Minimum, damit für 14 statt zwölf Monate Elterngeld ausgezahlt wird. Viele tun dies wohl auch aus Sorge um ihre Karriere, denn noch immer gibt es zu viele Väter, die nach der

Rückkehr aus der Elternzeit eine Kündigung auf ihrem Schreibtisch vorfinden.

Es hat sich viel getan in Deutschland, wenn auch nur in kleinen Schritten und über lange Zeit. Aber es gibt in vielen Unternehmen und Institutionen immer noch zu viele Personalverantwortliche, die die Bewerbungen von Müttern mit zwei oder mehr Kindern von vorneherein aussortieren. Was natürlich niemand zugeben würde, denn das ist ja schließlich nicht erlaubt.

Ein anderes Beispiel: Eine Freundin kehrte nach ihrem Jahr Elternzeit voll motiviert in ihren Beruf zurück. Im Vorfeld hatte sie viel Zeit damit verbracht, die Kinderbetreuung mit ihrem teilzeitarbeitenden Mann zu organisieren – und erhielt sozusagen als Begrüßungsgeschenk eine Änderungskündigung. Ihr bisheriger Job sei mit einem Kind ja nicht mehr leistbar, erklärte man ihr, deshalb habe man für sie ein anderes Aufgabenfeld vorgesehen – für das sie völlig überqualifiziert war. Sie suchte sich einen anderen Job. Ähnliches widerfuhr einer Mutter, die ich bei der Rückbildungsgymnastik kennengelernt hatte. Sie wollte in Teilzeit arbeiten, nicht mehr als dreißig Stunden die Woche. Ihr Arbeitgeber bot ihr dann auch einen Teilzeitarbeitsplatz an – allerdings in einer anderen Filiale, mehr als eine Stunde Fahrtzeit von ihrem Wohnort entfernt. Sie hätte also am Ende von der Zeit, die sie für Hin- und Rückfahrt zusätzlich aufwenden muss, doch wieder bei einem Vollzeitjob gelegen und kündigte schließlich. Ähnliche Benachteiligungen erfahren übrigens nicht nur Mütter, auch viele Väter haben solche Dinge erlebt und erleben sie weiter – tagtäglich.

Elternschaft ist nämlich bisher kein Diskriminierungsmerkmal im Allgemeinen Gleichbehandlungsgesetz (AGG), nur das Geschlecht und die Mutterschaft, womit insbesondere die Phase rund um die Geburt gemeint ist, sind als solche festgehalten. Um dies zu ändern, wurde im Jahr 2021 die Pro-Parents-Initiative gestartet – und hat große Resonanz in der Öffentlichkeit hervorgerufen. Mitinitiatorin Sandra Runge hat seitdem einen Mentalitätswechsel beobachtet: »Elterndiskriminierung wird lauter ausgesprochen, und die Bedürfnisse von Eltern werden besser wahrgenommen«, so die Rechtsanwältin. Die Petition der Pro-Parents-Initiative verlieh dem Thema auch Aufmerksamkeit im Wahlkampf. So gelangte es sogar in den Koalitionsvertrag der neuen Regierung, in dem die beteiligten Parteien eine Evaluierung des AGG vereinbart haben und sich dafür aussprechen, Schutzlücken zu schließen, den Rechtsschutz zu verbessern und den Anwendungsbereich auszuweiten. Zudem soll der Kündigungsschutz, der während der Elternzeit besteht, ausgeweitet werden. Das heißt, er endet nicht mehr mit der Elternzeit, sondern reicht drei Monate darüber hinaus.

Sandra Runge hat als Anwältin viele Diskriminierungsfälle bearbeitet. Typisch für eine Elterndiskriminierung seien zum Beispiel Benachteiligungen von Arbeitnehmerinnen nach der Offenbarung der Schwangerschaft: »Es kommt nicht selten vor, dass die werdenden Mütter plötzlich aufs Abstellgleis geschoben werden, zum Beispiel geplante Fortbildungen abgesagt oder zugesagte Gehaltserhöhungen nicht durchgesetzt werden.« Was für ein Frauenbild steckt hinter solchen Handlungen? Dass es sich nicht mehr lohnt, in eine werdende Mutter zu investieren? Man mag gar nicht darüber nachdenken, aus welcher Zeit solche Ansichten stammen.

In ihrem Buch *Glückwunsch zum Baby, Sie sind gefeuert* lässt Sandra Runge viele betroffene Eltern zu Wort kommen, die Ähnliches und Schlimmeres erlebt haben wie meine Freundin oder die Bekannte aus der Rückbildungsgruppe. Hier bekommen sie eine Stimme. Die Initiative Pro-Parents fordert daher eine Ergänzung des §1 im AGG – durch ein neues Diskriminierungsmerkmal Elternschaft oder Fürsorgeleistung –, die alle berufstätigen Eltern unabhängig vom Familienstand und vom Geschlecht mit berücksichtigt. Eine gesetzliche Grundlage würde vor Benachteiligungen schützen, dann könnte Anspruch auf Schadensersatz geltend gemacht werden. Eltern könnten sich im Falle einer Diskriminierung auf die Beweislastumkehr stützen.

Was diese juristische Formulierung im Klartext bedeutet? Dass bei Vorliegen und Beweis von Diskriminierungsindizien die diskriminierende Partei (also in diesem Fall der Arbeitgeber) die Beweislast trägt, dass er nicht diskriminiert hat. Wurde etwa einem Vater am ersten Tag nach Rückkehr aus der Elternzeit gekündigt, muss der Arbeitgeber beweisen, dass die Kündigung nicht erfolgte, weil er Elternzeit genommen hat.

Im Arbeitsrecht gebe es einige offene Baustellen, kritisiert Sandra Runge. Sie spricht sich zudem für eine verpflichtende Elternzeit für Väter während des Elterngeldbezugs aus, damit sie mehr als die üblichen zwei »Vätermonate« nehmen. Ein Rückkehrrecht auf den alten Arbeitsplatz nach der Elternzeit sei ebenfalls etwas, das die Situation von Eltern verbessern würde, ebenso wie ein verlängerter Kündigungsschutz nach der Elternzeit. Außerdem fordert sie einen zehntägigen bezahlten Vaterschutz nach der Geburt und eine hundertprozentige Bezahlung für die Tage, an denen Eltern wegen der Krankheit der Kinder zu Hause bleiben müssen.

Der wichtigste erste Schritt sei jedoch nach wie vor die Anerkennung von Elternschaft und Fürsorgeleistung als Diskriminierungsmerkmal, so Sandra Runge: »Das ist längst überfällig.« Nicht zuletzt werte es die gesamte Sorgearbeit, neudeutsch Care-Arbeit, auf, wenn jemand, der diese Fürsorgearbeit leistet, einen besonderen Schutz bekommt. Sich um jemanden zu kümmern, sei es um die eigenen Eltern oder das Kind, wird in Deutschland immer noch als viel zu selbstverständlich betrachtet. Solche unbezahlten Tätigkeiten werden damit gegenüber gut bezahlten Jobs abgewertet. Das zeigt sich in der Arbeitswelt besonders krass.

Es ist an der Zeit, die Arbeitswelt familienfreundlicher und damit kinderfreundlicher zu gestalten. Es kann nicht sein, dass Eltern immer noch als produktivitätsbremsende Kostenfaktoren gelten und ihre Bewerbungen von den verantwortlichen Personalern gleich auf den Aussortier-Stapel gelegt werden. Neben staatlichen Maßnahmen braucht es einen Mentalitätswechsel: das Familienleben muss einen höheren Stellenwert bekommen.

Eine Möglichkeit, diesen Wechsel herbeizuführen, wäre, sich endlich von der Präsenzkultur, die in deutschen Unternehmen noch immer herrscht und in der es stets um den Wettbewerb »Wer sitzt am längsten?« zu gehen scheint, zu verabschieden. Denn ist es nicht wichtiger, was am Ende des Tages bei der Arbeit herauskommt als wie lange man für das Ergebnis gebraucht hat?

Wieder hilft ein Blick auf unsere skandinavischen Nachbarländer: Dort ist es kein Problem zu sagen, dass man früher Feierabend machen muss, weil das Kind einem Arzttermin oder eine Musikaufführung hat. Denn da dort fast alle Kinder haben, verstehen es auch alle. Kinder sind präsenter, das gilt in diesen Ländern auch für das Arbeitsleben.

Die Arbeitszeiten und Arbeitsabläufe sind in Deutschland meist nur auf Vollzeitarbeitende abgestimmt, was auch verhindert, Führungspositionen in Teilzeit zu besetzen. Dabei gibt es mittlerweile viele Beispiele, dass das funktioniert. Hier sind die Firmen gefordert, die Betriebsabläufe variabler zu gestalten und familienfreundliche Kernarbeitszeiten zu definieren. Auch das Homeoffice oder allgemein flexibleres Arbeiten verschafft Eltern mehr Zeit, weil Arbeitswege wegfallen und Ferientage oder andere freie Tage so mit weniger Aufwand überbrückt werden können. Natürlich ist es längst nicht in allen Berufen möglich, einfach mal zu Hause zu arbeiten, denn wie soll das beispielsweise gehen, wenn man im Supermarkt an der Kasse sitzt oder als Lehrkraft im Klassenzimmer steht? Aber dort, wo es möglich ist, kann das Arbeiten von zu Hause zumindest tageweise den Alltag für Eltern einfacher und stressfreier machen.

Hier hat die Coronapandemie gezeigt, in wie vielen Bereichen Homeoffice tatsächlich möglich ist, selbst dort, wo Arbeitgeber vorher strikt auf eine Präsenzpflicht gepocht haben. In diesem Fall hatte die Pandemie tatsächlich positive Effekte, denn auch die digitale Infrastruktur wurde in dieser Hinsicht ausgebaut. Zudem hat sich mittlerweile jeder an Videokonferenzen gewöhnt, und auch die Erkenntnis, dass nicht jede Geschäftsreise notwendig ist, ist bei den allermeisten angekommen. Denn Geschäftsreisen stellen Eltern immer wieder vor organisatorische Herausforderungen, besonders Alleinerziehende. Digitale Formate machen hier das Leben in vielerlei Hinsicht leichter – nicht nur für Eltern.

Flexiblere Homeoffice-Lösungen sind also Teil einer familienfreundlichen Arbeitswelt. Eine weitere Einsicht, die wir aus der Pandemiezeit mitnehmen können: Das Recht auf Homeoffice sollte bleiben, denn es erleichtert die Vereinbarkeit von Beruf und Familie – nicht nur für die Mütter.

»Kann das nicht ihre Frau machen?« – Fehlende Anerkennung und veraltete Rollenbilder

Kinder und Beruf zu vereinbaren, verlangt von uns Eltern einen täglichen Spagat, der viele davon abhält, noch ein zweites oder gar ein drittes Kind zu bekommen. Die Arbeitswelt ist oftmals kinderfeindlich: Da werden Meetings um 16 Uhr angesetzt oder die Arbeit im Homeoffice kategorisch ausgeschlossen (auch wenn sich das durch die Coronapandemie in vielen Betrieben und Institutionen verändert hat). Was einem als Eltern aber häufig mindestens genauso zu schaffen macht, sind die Häme und der Neid der anderen. Vollzeit arbeitende Kollegen machen sich über die Eltern in Teilzeit lustig: »Schönen Feierabend, hätte ich auch gerne um 15 Uhr« haben viele Eltern bereits mehr als einmal gehört. Dass ihr Feierabend oftmals erst abends um acht beginnt, nachdem sie die Kinder ins Bett gebracht haben, wenn die kinderlosen Kollegen schon beim zweiten Bier in der Kneipe sitzen oder ihre abendliche Joggingrunde absolviert haben, ist vielen nicht bewusst. Mit dem »Feierabend« beginnt für Eltern die zweite Schicht, die meist nicht weniger anstrengend und fordernd ist als ein Arbeitstag. Für Fehlzeiten wegen kranker Kinder haben Arbeitgeber immer noch wenig Verständnis, schon gar nicht, wenn es die Väter sind, die einen Kinderkrankentag einlegen. »Wie, kann das nicht Ihre Frau machen?«, musste sich ein Bekannter von mir regelmäßig anhören, als seine Kinder noch kleiner waren. In den meisten Fällen nimmt sich eben tatsächlich immer noch die Mutter »kinderkrankenfrei«, wenn der Nachwuchs morgens mit Fieber aufwacht. In den allermeisten Fällen sind es auch die Mütter, bei denen das Telefon zuerst klingelt, wenn das Kind sich im Kindergarten übergeben hat und schnellstmöglich abgeholt werden soll.

»Wir haben eine Laus auf dem Kopf ihrer Tochter gefunden«, rief der Kindergarten bei einer Freundin von mir durch, als sie gerade auf einer Geschäftsreise weilte. Dass ihr Mann das Mädchen dann abholte, stieß dort auf große Verwunderung, es wurde gar daran gezweifelt, dass er in der Lage wäre, den Läusen mit Shampoo und Kamm zu Leibe zu rücken. Haare waschen und kämmen, das sind Tätigkeiten, die per se mit der Mutter in Verbindung gebracht werden. Männer gehen auf den Bolzplatz und machen sich dreckig, Frauen kümmern sich und machen ihre Töchter hübsch – dieses Bild steckt immer noch tief drin in den Köpfen.

So tief, dass Frauen bereits bei Bewerbungen benachteiligt werden. Eine Studie des Wissenschaftszentrums Berlin für Sozialforschung (WZB) zeigte im Jahr 2020 (!), dass Frauen mit Kindern rund ein Drittel mehr Bewerbungen schreiben müssen als andere Bewerberinnen und Bewerber, um eine Einladung zu einem Vorstellungsgespräch zu erhalten. Anwältin Sandra Runge rät deshalb Frauen davon ab, ihre Kinder im Lebenslauf mit anzugeben. Eigentlich haben diese dort auch nichts zu suchen, denn sie haben mit den Qualifikationen für die Stelle keine Bewandtnis. Meistens jedenfalls. »Man ist nicht verpflichtet, zum Familienstand eine Angabe im Lebenslauf zu machen«, stellt Sandra Runge klar. »Solange in unserer Gesellschaft noch die traditionellen Rollenbilder verankert sind, sollten Frauen auf die Angabe von Kindern verzichten, um die erste Hürde zu nehmen und nicht schon vor dem Gespräch aussortiert zu werden.« Im Bewerbungsgespräch kann man es dann erwähnen. Aber hier folgt häufig schon die nächste Ungleichbehandlung, denn die Frage, wie das mit der Kinderbetreuung organisiert ist, wird männlichen Bewerbern nicht gestellt. Womit wir wieder bei dem Punkt »Darum kümmert sich ja die Mutter« wären. Dabei ist es doch genauso das Kind des Vaters! Wieso wird die Aufgabe des Kümmerns dann komplett in den Verantwortungsbereich der Frau geschoben? Auch das hat etwas mit Kinderfeindlichkeit zu tun. Um diesen Zusammenhang deutlich zu machen, muss ich etwas weiter ausholen.

Seit der Einführung des Elterngeldes 2007 arbeiten immer mehr Mütter mit immer mehr Wochenstunden. So hat sich der Anteil der erwerbstätigen Mütter von Kindern unter zwei Jahren, die zwischen 28 und 36 Stunden in der Woche arbeiten, von 2006 bis 2018 laut Statistischem Bundesamt mehr als verdoppelt (von sechs auf 16 Prozent). Im Jahr 2018 waren 69 Prozent aller Mütter erwerbstätig, ihre durchschnittliche Wochenarbeitszeit betrug 26,7 Stunden. Zum Vergleich: In Schweden sind 84 Prozent der Mütter mit Kindern unter sechs Jahren erwerbstätig. Und während in Dänemark ein Drittel aller Eltern in Doppelvollzeit arbeitet, sind es in Deutschland gerade mal 1,2 Prozent.

Noch immer ist in den meisten Familien der Hauptverdiener der Mann – daran hat auch das Elterngeld nichts geändert. Das wird immer noch zum größten Teil von den Frauen bezogen, selbst wenn der Väteranteil in den letzten Jahren angestiegen ist und im Jahr 2020 bei knapp einem Viertel lag. Tatsächlich gleichberechtigt wären Eltern erst, würde der Väteranteil bei fünfzig Prozent liegen. Das tut er eben nicht. Noch deutlicher wird der Unterschied, wenn man einen Blick auf die Bezugsdauer des Elterngeldes wirft: Bei Frauen lag sie 2020 bei 14,5 Monaten – bei den Vätern waren es ganze 3,7 Monate.[2] In Schweden etwa gibt es seit Anfang der 1980er-Jahre (!) einen bezahlten Vaterschaftsurlaub direkt nach der Geburt – im Jahr 2021 wurde das in Deutschland endlich in den Koalitionsvertrag aufgenommen. Damit sollen Väter von Anfang an in die Care-Arbeit einbezogen werden. Seit 2019 gibt es eine EU-Richtlinie, die einen solchen Vaterschaftsurlaub vorsieht, bisher ist in Deutschland in dieser Richtung nichts passiert. Bis August 2022 muss diese Richtlinie jedoch umgesetzt sein.

Ganz abgesehen davon, dass frischgebackene Mütter nach der Geburt jede helfende Hand gebrauchen können: Wenn Väter von Anfang in die Care-Arbeit mit einbezogen werden, fällt auch die anschließende Rollenaufteilung leichter, und die klassischen Rollenmodelle können sich gar nicht erst durch die Hintertür einschleichen. Zudem wird es gesellschaftlich anerkannter, dass Väter von Anfang an bei der Kinderbetreuung mithelfen und selbstverständlich ihren Part übernehmen. Es ist dieser gesellschaftliche Konsens, der dringend benötigt wird, um mehr Gleichberechtigung und Vereinbarkeit zu erreichen. So steigert sich gleichzeitig auch die Sichtbarkeit von Eltern in der Arbeitswelt, und die benötigen wir dringend, um die Arbeitsbedingungen familienfreundlicher zu gestalten.

Kitaplätze – Dringend gesucht!

Ein Problem bei der Vereinbarkeit von Familie und Beruf sind die in Deutschland noch immer fehlenden oder unzureichenden Betreuungsmöglichkeiten für Kinder, gerade für die unter drei Jahren. So haben Eltern zwar seit 2013 einen Anspruch auf einen Krippenplatz, doch sind diese immer noch rar und erst recht nicht immer in Wohnortnähe, darüber kann auch ein wohlklingender Name wie »Gute-Kita-Gesetz« nicht hinwegtäuschen. Blickt man einige Jahre zurück, erkennt man, dass sich tatsächlich einiges getan hat in Sachen Kleinkindbetreuung: Noch Ende 2002 stand nur für 8,6 Prozent der Kinder unter drei Jahren ein Krippenplatz zur Verfügung. Heute wird mehr als ein Drittel aller unter Dreijährigen betreut. Aber im Jahr 2020 fehlten noch 342 300 Betreuungsplätze für unter Dreijährige, wie das Institut der Deutschen Wirtschaft errechnete.[3]

Eine Freundin aus Berlin »bewarb« sich bereits im vierten Schwangerschaftsmonat um einen Krippenplatz, so wie die Stadt Berlin es übrigens auf ihrer Internetseite Eltern rät. Zu dem Zeitpunkt konnte sie das Feld »Name des Kindes« noch nicht ausfüllen, sie wusste nicht einmal das Geschlecht. Etwa 15 der Anmeldeformulare brachte sie persönlich mit vielen netten Worten bei diversen Kindergärten vorbei, dann fragte sie in regelmäßigen Abständen nach, wie es in den verschiedenen sozialen Medien empfohlen wird: »Dranbleiben, immer wieder persönlich hin«, ist dort ein häufiger Tipp. In ihren favorisierten Kitas wurde sie sogar Mitglied im Förderverein. Vergebens. »Der beste Wartelistenplatz war Platz 78«, berichtete sie mir und verlängerte kurzerhand ihre Elternzeit, bis sie endlich – ihre Tochter war schon fast zwei Jahre alt – einen Nachrückplatz ergatterte. Ein Einzelfall? Nein, leider nicht. Es fehlt an Geld für die Kindergärten, es fehlt an Erziehern, die in Deutschland zudem schlechter bezahlt werden als in anderen Ländern.

Während sich in den Städten Eltern schon vor der Geburt in den Wartelisten der Krippen eintragen, müssen sie auf dem Land teilweise weite Strecken zurücklegen, um einen Kindergarten zu finden, der auch nach fünfzehn Uhr noch Kinder betreut. Kindergärten mit Randbetreuungszeiten oder gar Nachtkindertagesstätten für Eltern, die im Schichtdienst arbeiten, findet man höchstens in Metropolregionen, und auch dort sind sie eine absolute Ausnahme. In Dänemark, wo ein Drittel der Eltern in Vollzeit arbeitet, sind die Kommunen gesetzlich dazu verpflichtet, eine Tagesbetreuung für Kinder ab 26 Wochen zu garantieren. Dabei übernehmen die Gemeinden 75 Prozent der Kosten. Der Rest, den die Eltern selbst stemmen müssen, ist vom Einkommen abhängig. Fast einhundert Prozent aller Kinder zwischen drei und fünf Jahren gehen in Dänemark übrigens in den Kindergarten, um genau zu sein: 97,5 Prozent. Bei den unter Dreijährigen sind es 67 Prozent. In Deutschland sind es 93 Prozent der Drei- bis Sechsjährigen, bei den unter Dreijährigen ganze 36 Prozent.

Dass sich daran kaum etwas ändert, liegt mit daran, dass es noch immer zu viele Kindergärten gibt, die um halb zwei schließen. Und immer noch zu wenige Kindergärten, in denen Kinder auch nach 16 oder vor acht Uhr betreut werden können. Doch selbst, wenn man das Glück hat, einen Ganztagsplatz im Kindergarten zu ergattern: Wenn das Kind in die Schule kommt, stehen viele Eltern erneut vor einem Betreuungsproblem, denn viele Grundschulen bieten noch kein Nachmittagsprogramm an. Ein Anrecht auf eine Ganztagsbetreuung in Grundschulen gibt es erst ab dem Schuljahr 2026/2027 – und gilt dann auch nur für Eltern von Erstklässlern. Es soll stufenweise ausgebaut werden, sodass ab 2029 jeder Grundschüler ein Recht auf eine Ganztagsbetreuung in der Schule hat – 2029!

2020 waren 55 Prozent der Grundschüler in einer Ganztagsbetreuung – der errechnete Bedarf für eine solche Betreuung lag jedoch bei 75 Prozent der Grundschüler.[4] Das heißt, viele Mütter (und ja, es sind meist die Mütter) reduzieren ungewollt ihre Arbeitszeit, um rechtzeitig um zwölf Uhr ihren Grundschülern ein Mittagessen zubereiten zu können. Der Ausbau auf Ganztagsbetreuung ist teuer: 3,5 Milliarden Euro hat die Bundesregierung dafür eingeplant. Angestoßen wurde das übrigens im Jahr 2003. In anderen Ländern Europas wie Finnland oder Estland ist die Ganztagsbetreuung an Schulen seit vielen Jahren Usus, in Frankreich ist die Ganztagsschule sogar Pflicht.

Doch selbst wenn Eltern in Deutschland einen Krippenplatz für ihr Kind gefunden haben, heißt das nicht, dass sie nach Ablauf der zwölf oder 14 Monate Elternzeit sofort wieder in den Beruf einsteigen können. Denn das deutsche Kindergartenjahr beginnt in der Regel im August. Dann wechseln die Vorschüler in die Grundschule, und es werden neue Kindergartenplätze frei. Hat man zum Beispiel ein Kind, das im Februar geboren ist, muss man in den meisten Fälle noch ein halbes Jahr nach der Elternzeit überbrücken. Dasselbe Problem stellt sich, wenn man innerhalb des Kindergartenjahres umzieht und sich einen neuen Kitaplatz suchen muss.

Die Lösung für dieses Problem liegt auf der Hand: Die Kindergärten sollten freie Plätze in ihren Gruppen haben, sodass Neuaufnahmen zu jeder Jahreszeit möglich sind. Doch freie Betreuungsplätze vorzuhalten kostet Geld, denn dadurch steigt der Gesamtbedarf an Personal. Hier sind wir jedoch wieder bei der Finanzierungsfrage, denn das Geld für Personal steht gerade in wirtschaftlich schwachen Kommunen nicht zur Verfügung, die einen großen Teil der Finanzierung von Kindertagesstätten leisten müssen. In Schleswig-Holstein sind es beispielsweise fast vierzig Prozent, die von den Kommunen gestemmt werden. Vom allgemein bekannten Mangel an Kita-Personal einmal ganz zu schweigen.

Dabei lohnen sich die Investitionen in Kitas und Ganztagsschulen, haben Volkswirtschaftler ausgerechnet: Bereits nach sechs Jahren entstehen demnach Budgetüberschüsse in den Kommunen.[5] Warum das so ist, ist leicht nachvollziehbar: Je besser die Betreuungssituation, umso mehr Mütter können (wieder) in den Beruf einsteigen und umso mehr Stunden in der Woche können sie arbeiten. Dadurch steigen die Steuereinnahmen der Kommunen, während vom Staat zudem weniger Sozialtransferleistungen gezahlt werden müssen. Auch gesamtvolkswirtschaftlich zeigen sich gute Effekte: Da bei einer besseren Betreuungssituation mehr Eltern mit mehr Wochenstunden arbeiten können, steigt das Bruttoinlandsprodukt pro Kopf ebenfalls an. Das zeigt, dass der Ausbau der Kinderbetreuung nicht nur die Wirtschaftssituation einzelner Haushalte verbessert.[6] Eine Investition in diese Strukturen lohnt sich also für den Staat auch auf finanzieller Ebene.

Dennoch hat man das Gefühl, dass all diese Maßnahmen und Vorhaben in Deutschland unendlich lange in der Umsetzung brauchen. Das Bundesfamilienministerium hat sich vorgenommen, es zu ermöglichen, dass bis 2030 siebzig Prozent aller Kinder im Alter von drei bis fünf Jahren ganztags betreut werden können (aktuell sind es 45,9 Prozent). Ebenfalls bis 2030 sollen 35 Prozent der Kinder zwischen null und zwei Jahren ganztags betreut werden (aktuell: 16,5 Prozent). Der Anteil der Mütter, so die Zielsetzung des Familienministeriums, die ein existenzsicherndes Einkommen erzielen, soll bis 2030 auf achtzig Prozent steigen. Momentan verdienen 65 Prozent der Mütter ein existenzsicherndes Einkommen, bei den Vätern sind es allerdings 96 Prozent.[7] Diese Zahlen zeigen, wie viel noch zu tun bleibt.

Eltern im Teilzeitjob – Willkommen auf dem Abstellgleis

»Warum soll ich wieder in den Beruf einsteigen, wenn ich weiß, dass ich noch ein zweites Kind möchte?«, sagte eine Freundin, die ein halbes Jahr überbrücken musste, bis ihr Sohn einen Kitaplatz bekam. Danach wurde sie schwanger und fand, dass es sich nicht lohne, für die kurze Zeit bis zum nächsten Mutterschutz wieder zu arbeiten. So wurde aus der eigentlich einjährig geplanten Elternzeit eine mehr als dreijährige Pause. Drei Jahre, in denen sich in ihrem Berufsfeld, der Informatik, so viel tat, dass sie den Anschluss verlor und schließlich eine Stelle als Sachbearbeiterin im gleichen Unternehmen annahm, wofür sie erstens überqualifiziert war und zweitens völlig unterbezahlt. Eine berufliche »Karriere«, wie sie viele Frauen in Deutschland kennen. Und selbst, wenn sie wieder an ihrem alten Arbeitsplatz einsteigen, können sie sich die Beförderung abschminken, denn Führungspositionen in Teilzeit sucht man in Deutschland immer noch mit der Lupe. Dabei wäre das etwas, von dem nicht nur Frauen profitieren. Die Angst, die eigene Karriere zu beschädigen oder gar zu beenden, wenn man auf Teilzeit reduziert, ist ein Grund, weshalb viele Männer weiterhin Vollzeit arbeiten. Führungspositionen in Teilzeit wären ein Schritt hin zu mehr Gleichberechtigung, mehr beruflichen Möglichkeiten und würden auch die Work-Life-Balance-Debatte noch einmal neu beleben.

In Deutschland gibt es zwar das Recht auf Teilzeitarbeit, aber nicht das generelle Recht, dann auch wieder Vollzeit zu arbeiten. Die Konsequenz daraus ist, dass viele Frauen weiter auf schlecht bezahlten Teilzeitstellen ihr Dasein fristen und Männer sich nicht trauen, ihre Arbeitszeit auf Teilzeit zu reduzieren. In Unternehmen mit mehr als 45 Mitarbeitern besteht zwar die Möglichkeit zur Brückenteilzeit, die Arbeitnehmern das Recht gibt, für mindestens ein Jahr und maximal fünf Jahre auf Teilzeit zu reduzieren und dann wieder zur ursprünglichen Arbeitszeit zurückzukehren. Aber der Zeitraum der Teilzeit muss im Voraus bestimmt werden. Zudem gibt es eine weitere Einschränkung: Nur in Unternehmen mit mehr als 200 Mitarbeitern haben alle das Recht auf Brückenteilzeit, bei Unternehmen mit 46 bis 200 Angestellten ist nur einem von 15 die Brückenteilzeit zu genehmigen. Das Unternehmen kann den Antrag auf Brückenteilzeit übrigens aus betrieblichen Gründen ablehnen – dann darf zwei Jahre lang nicht wieder neu beantragt werden. Und: Für diejenigen, die bereits in Teilzeit beschäftigt waren, als das Recht 2019 eingeführt wurde, gilt die Regelung nicht. Man sieht: Die Brückenteilzeit ist alles in allem eine recht bürokratische Angelegenheit, zudem unflexibel, und wegen der Mindestmitarbeiterzahl in Unternehmen kommt sie nur bei einem Teil der Arbeitnehmer an. Es gibt also noch durchaus Optimierungsbedarf beim Thema Rückkehr in die Vollzeitstelle.

Auch hier bietet es sich an, einen Blick auf unsere skandinavischen Nachbarländer zu werfen. In Schweden beispielsweise dürfen Eltern bis zum achten Geburtstag des Kindes ihre Arbeitszeit um 25 Prozent reduzieren und haben anschließend das Recht, wieder in Vollzeit weiterzuarbeiten. Das ermöglicht seit 1979 das schwedische Elternzeitgesetz (wohlgemerkt: dieses Recht wurde vierzig Jahre vor dem deutschen Recht auf Brückenteilzeit eingeführt!), das auch Unternehmen verbietet, Angestellte, die Elternzeit in Anspruch nehmen, zu benachteiligen. Dass die Teilzeitarbeit für viele Frauen eine Armutsfalle darstellt, ist hinreichend bekannt. Viele bleiben jahrelang in der Teilzeitarbeit gefangen und verlieren so Anspruch auf Rentenpunkte. Mit viel finanziellem und organisatorischem Aufwand werden in Deutschland Modelle zur Altersteilzeit gefördert – warum nicht auch Modelle zur Elternteilzeit? Ergibt das nicht Sinn in einer Gesellschaft, in der die Menschen immer älter werden und vor allem immer länger gesund und belastbar bleiben?

Allerdings lassen die Betreuungszeiten in Kindergärten eine Vollzeittätigkeit beider Elternteile in Deutschland meistens gar nicht zu. Wie soll man vierzig Stunden in der Woche arbeiten, wenn der Kindergarten nur von acht bis 16 Uhr geöffnet hat? Wenn der Kindergarten nicht gleich neben der Arbeitsstätte liegt, ist das schon allein rechnerisch nicht möglich. Selbst, wenn man das Glück hat, dass der Kindergarten schon ab sieben Uhr dreißig geöffnet ist, wird es je nach Arbeitsweg knapp. Ganz davon abgesehen, dass 16 Uhr Schließungszeit auch bedeutet, dass man um 16 Uhr mit dem Kind das Kindergartengebäude verlassen haben muss und nicht erst dann aufschlägt, um es abzuholen.

Schlechtes Gewissen inklusive – Die ewige Rabenmutter

Es scheint doch so einfach zu sein: Väter wollen einer Allensbach-Umfrage von 2021 zufolge mehrheitlich weniger arbeiten und mehr für die Familie da sein. 55 Prozent der befragten Väter findet es ideal, wenn beide Elternteile sich die Kinderbetreuung hälftig teilen. Allerdings ist es dann nur bei 25 Prozent der Paare tatsächlich der Fall, dass sie es so geregelt haben. 92 Prozent der berufstätigen Väter arbeiten demnach in Vollzeitjobs – aber nicht einmal die Hälfte von ihnen findet diese Lösung gut. Im Schnitt würden sie, so die Umfrage, 32 Wochenstunden präferieren, stattdessen arbeiten sie durchschnittlich 39 Stunden.[8]

Was wäre, wenn beide Elternteile für eine bestimmte Zeit auf 32 oder gar dreißig Stunden Arbeitszeit in der Woche reduzierten? Was hindert vor allem die Väter daran, dies einfach zu tun? Es sind die Bedingungen auf dem Arbeitsmarkt, die Angst der

Männer, den Anschluss im Beruf oder gleich den Job zu verlieren, auf der Karriereleiter von anderen überholt zu werden oder aber die Tatsache, dass die Partnerin in einem Job arbeitet, der deutlich schlechter bezahlt ist. Die zuvor erwähnte Teilzeitfalle tut ihr Übriges dazu, viele fürchten, dann nicht mehr in die Vollzeit zurückkehren zu können. In einigen Berufen werden Dinge wie Elternzeit oder Teilzeit gar als »unmännlich« angesehen, und Väter, die sich für ein solches Modell entscheiden, werden diskriminiert oder von ihren Kollegen gemobbt. Wenn ein Mann noch nicht einmal einen Tag »kinderkrank« machen kann, weil der Sohnemann Fieber hat, ohne dass die Kollegen blöde Sprüche klopfen, wie würde das dann erst bei einer Arbeitszeitreduzierung aussehen?

Und so sind wir wieder an dem Punkt, dass es vor allem die Frauen sind, die auf einen Teilzeitjob reduzieren. Dabei spielt das Finanzielle sicher eine Rolle. Aber das ist längst nicht alles. Genauso fies oder fast noch fieser ist das gesellschaftliche Bild, die Rolle, die Müttern zugewiesen wird und die sie unter Druck setzt. Denn Mütter reduzieren auch ihre Arbeitszeit, weil sie bei ihrem Kind bleiben wollen, weil man das als »gute Mutter« halt so macht. »Wozu bekommt sie denn Kinder, wenn sie so wenig Zeit für sie hat?« – diese Frage bekommen eigentlich nur Frauen zu hören. Und so packt uns regelmäßig das schlechte Gewissen, wenn wir unsere Kinder länger als bis nach dem Mittagsschlaf in der Krippe lassen. Warum eigentlich?

Das Bild der »Rabenmutter« ist auch so etwas typisch Deutsches. »Am besten kümmert sich immer noch die Mutter ums Kind« – eine Ansicht, die noch immer in vielen Köpfen verankert ist. Ein Glaubenssatz, der Müttern ein schlechtes Gewissen beschert, selbst wenn sie selbst anderer Ansicht sind und diese auch anderen gegenüber vertreten. Ich merkte das bei mir selbst, als meine Kinder klein waren: immer wieder schlich sich das schlechte Gewissen ein, wenn ich meine Kinder mal etwas später aus der Kita abholte. Es ist einfach verdammt schwer, sich als Mutter davon freizumachen. Wie gut oder wie schlecht eine frühe Fremdbetreuung der Kinder ist, darüber wird hierzulande erbittert gestritten. In Schweden und auch in Dänemark geht man das Ganze anders an. Hier haben nämlich nicht die Eltern das Recht auf einen Kindergartenplatz, sondern das Kind. Ganz bewusst wird bei unseren nordischen Nachbarn das Kind in den Fokus gerückt. Denn sie sind mehrheitlich der Meinung, dass die frühkindliche Förderung gut für die Entwicklung ist und Kinder so ihre sozialen Fähigkeiten besser entfalten können.

Es muss sich also noch einiges tun, damit Mütter nicht mehr mit dem schlechten Gewissen zu kämpfen haben und auch in der Gesellschaft nicht mehr als Rabenmutter gelten, wenn sie früh wieder in den Beruf einsteigen möchten. Ziel wäre es zudem, dass es nicht mehr darum geht, sich zwischen Kind und Beruf zu entscheiden, sondern vielmehr Möglichkeiten eröffnet, wie man beides so unter einen Hut bringt, dass niemand darunter leiden muss.

Eine dieser Möglichkeiten wäre eine staatliche Förderung von familienfreundlichen Maßnahmen und Arbeitsbedingungen in Unternehmen. Das würde diese zudem dazu motivieren, dass Familienfreundlichkeit nicht nur ein leeres Schlagwort auf der Internetseite bleibt. Es gibt zwar schon das Förderprogramm »Betriebliche Kinderbetreuung«, das Unternehmen für zwei Jahre eine Anschubfinanzierung für die Schaffung von neuen Betreuungsplätzen von insgesamt 9 600 Euro pro Platz für die Förderungsdauer zahlt[9], aber gerade in kleineren Unternehmen lässt sich das häufig nicht umsetzen. Hier könnten weitere Anreize geschaffen werden, zum Beispiel, indem sich mehrere Unternehmen zu einem solchen Vorhaben zusammenschließen. Auch die Standards, die eine betriebliche Kita erfüllen muss, sollten überarbeitet und deren Umsetzung erleichtert werden, um so die Hürden gerade für kleinere Betriebe zu verkleinern. Ganze 761 Betriebskindergärten gibt es in Deutschland (Stand 2021), die Zahl ist damit in den vergangenen Jahren um fünfzig Prozent gewachsen, so das Statistische Bundesamt. Das zeigt, wie wenige Einrichtungen dieser Art es noch immer gibt – und gleichzeitig, wie viel Spielraum nach oben noch ist.

Wieso wird die Vereinbarkeit von Familie und Beruf in politischen Sonntagsreden immer wieder gepredigt, aber letztlich nur halb umgesetzt? Es liegt sicher auch mit daran, dass Frauen in Führungspositionen immer noch unterrepräsentiert sind. Was wiederum an der mangelnden Vereinbarkeit von Familie und Beruf liegt – ein Teufelskreis, aus dem es auszubrechen gilt, wenn wir irgendwie zukunftsfähig werden möchten.

Frauen in Politik und Führungspositionen

72 Prozent der weiblichen Führungskräfte in Deutschland sind kinderlos – und dabei ist sowieso nur jede zehnte Führungskraft eine Frau. Damit liegt Deutschland deutlich hinter anderen Ländern, insbesondere in der Europäischen Union. Im EU-Durchschnitt sind laut dem Statistischen Bundesamt 34,4 Prozent der Führungspositionen weiblich besetzt – in Schweden sind es beispielsweise mehr als vierzig Prozent.[10] Unterrepräsentiert sind Frauen auch im Bundestag. In der aktuellen Legislaturperiode liegt der Frauenanteil bei 34,9 Prozent. Wir hatten zwar 16 Jahre lang eine Bundeskanzlerin, aber auch diese war kinderlos. Mit Annalena Baerbock gibt es nun eine Außenministerin mit kleinen Kindern – und schon während ihrer Kanzlerkandidatur wurden Journalisten nicht müde, sie mit der Frage zu nerven, wie sie das mit der Kinderbetreuung organisieren wolle. Männliche Poli-

tiker haben das sicher noch nie zu hören bekommen. In einigen anderen Ländern kommt übrigens überhaupt niemand auf die Idee, irgendwem diese Frage zu stellen. Die finnische Ministerpräsidentin Sanna Marin beispielsweise hat ein Kind, das ein Jahr alt war, als sie ihr Amt antrat. Breite öffentliche Diskussionen darüber gab es nicht.

Der Politikbetrieb ist noch familienfeindlicher als der Alltag in deutschen Unternehmen. Das fängt schon in der Kommunalpolitik an, wenn Sitzungen zu Uhrzeiten stattfinden, zu denen Eltern allermeistens damit beschäftigt sind, ihre Kinder ins Bett zu bringen. Eine Grünen-Politikerin aus Thüringen musste jüngst erfahren, wie viel Gegenwind ihr entgegenbläst, wenn sie versucht, ihren Job mit der Familie unter einen Hut zu bringen: Weil sie keine Betreuung für ihr sechs Monate altes Baby fand, hatte die Landessprecherin der Thüringer Grünen, Ann-Sophie Bohm, ihren Säugling mit in eine Stadtratssitzung in Weimar genommen. Daraufhin wurde sie von einem Unbekannten wegen Kindeswohlgefährdung angeklagt, da es einem Baby nicht zuzumuten sei, an einer so späten Sitzung teilzunehmen. Wer selbst Kinder hat, weiß, dass Babys in diesem Alter fast überall schlafen können.

Immerhin durfte Ann-Sophie Bohm weiter an der Sitzung teilnehmen. Denn ebenfalls in Thüringen wurde 2018 die Landtagsabgeordnete der Grünen Madeleine Henfling mit ihrem sechs Wochen alten Baby vom damaligen Landtagspräsidenten Christian Carius aus dem Plenarsaal geworfen. Erst zwei Jahre später entschied der Landesverfassungsgerichtshof, dass Abgeordnete im Thüringer Landtag ihre kleinen Kinder mit zu Sitzungen bringen dürfen.

Dass es anders gehen kann, zeigte Neuseelands Premierministerin Jacinda Ardern, als sie 2018 bei der UN-Vollversammlung ganz selbstverständlich ihre drei Monate alte Tochter mitbrachte.

Während ihrer Rede kümmerte sich ihr Ehemann um die gemeinsame Tochter, die Jacinda Ardern übrigens während ihrer Amtszeit auf die Welt gebracht hatte. In Australien stillte die Senatorin Larissa Walters ihr Baby sogar während einer Rede. Und hierzulande wird man im Restaurant gebeten, dazu mit seinem Kind auf die Toilette zu gehen, um die anderen Gäste nicht zu belästigen. Was läuft hier schief?

In Deutschland wird nur selten über die Frage diskutiert, wie Politiker Beruf und Familie besser vereinbaren können. Zuletzt zeigte im Frühjahr 2022 der Rücktritt der Grünen-Familienministerin Anne Spiegel, wie schwierig genau das ist: Nachdem sie wegen eines vierwöchigen Urlaubs mit ihrer Familie nach der Flutkatastrophe 2021 (damals noch als Umweltministerin des Landes Rheinland-Pfalz) in die Kritik geraten war, trat sie vom Amt als Bundesfamilienministerin zurück. Die Diskussion, ob ein Urlaub in der Situation angebracht war, machte den Anspruch deutlich, den viele an den Politikerberuf haben: Das Privatleben ist dem Beruf unterzuordnen, schwang bei vielen Kritikern mit. Das Argument, die Familie habe belastende Monate hinter sich gehabt und den Urlaub dringend gebraucht, wurde kaum gelten gelassen. Besonders in den sozialen Medien wurde auch die Frage diskutiert, ob eine vierfache Mutter überhaupt ein solches politisches Amt übernehmen sollte – eine Debatte, die deutlich macht, wie sehr gerade Müttern noch immer die Kompetenzen für Führungspositionen abgesprochen werden.

Bundestagsabgeordnete pendeln häufig zwischen Wohnort und Berlin hin und her. In den Sitzungswochen stellt sich die Frage der Kinderbetreuung, die nicht immer der Partner oder die Großeltern übernehmen können. Gerade hier würde sich ein Betriebskindergarten für Land- und Bundestagsabgeordnete lohnen. Und es würde dazu führen, dass sich mehr Frauen in der Politik engagieren. Wenn es den Müttern erleichtert wird, hier tätig zu werden, dann wird auch der Anteil der Frauen bei den Abgeordneten steigen. So wäre es möglich, dass die Erfahrungen als Mütter in ihre Art, Politik zu machen, mit einfließen. Und das auch in Themenbereichen, die auf den ersten Blick nichts mit Familie und Kindern tun haben. Wenn Mütter präsenter werden, werden auch Kinder präsenter.

Das Gleiche gilt auch für die Wirtschaft: Wenn wir mehr Frauen, insbesondere Mütter, in Führungspositionen haben, wächst das Verständnis für die Bedürfnisse von Eltern. So werden Kinder in der Arbeitswelt präsenter. Natürlich kann man nun sagen, dass doch viele männliche Politiker und Führungskräfte Väter sind und damit auch das Elternleben kennen. Doch da die Care-Arbeit, die Betreuung der Kinder und der Haushalt in der Mehrheit immer noch bei den Müttern angesiedelt sind, kennen viele männliche Vorgesetzte oder Politiker die Doppelbelastung von Familie und Beruf nur begrenzt aus eigener Erfahrung.

Ballungszentrum Lebensmitte – Mit flexiblen Arbeitsmodellen Lebensläufe entzerren

Eine familienfreundliche Arbeitswelt würde einige Weichen neu stellen. Unter anderem auch, dass sich die sogenannte Rushhour des Lebens, in der sich viele Eltern plötzlich wiederfinden, entzerrt. Bisher gliedern sich unsere Leben meist relativ starr in die Abschnitte Ausbildung – Arbeit – Rente. Das sorgt dafür, dass Eltern heute in der mittleren Lebensphase sozusagen alles auf einmal erledigen müssen: Karriere, Hausbau, Kinder großziehen und oft schon das Pflegen der eigenen Eltern oder Schwiegereltern. Man könnte auch sagen: Es ist sehr viel auf einmal, was gestemmt werden muss, und es ist oftmals einfach zu viel. So verwundert es nicht, dass viele Eltern – und ja, leider muss man wieder sagen, es sind besonders die Mütter – das Gefühl, nichts und niemandem gerecht zu werden, als ständige Begleitung mit sich herumschleppen.

Das schlechte Gewissen kreist um einen herum, permanent, wie ein Geier über den Verdurstenden in der Wüste. »Ich müsste mal …, ich sollte mal …, aber ich kann einfach nicht«, ist ein Satz, mit dem viele Mütter ins Bett gehen und mit dem sie wieder aufstehen, den sie einfach nicht loswerden. Die To-do-Listen wachsen gen unendlich, kaum ist ein Punkt abgehakt, sind vier neue hinzugekommen. Tag für Tag.

Es ist viel, was Eltern leisten müssen. Und zu oft ist es zu viel. Dazu der »Mental Load«, die etlichen kleinen Dinge, die für sich genommen nur wenige Minuten kosten, aber im Ganzen unheimlich viel von dieser knappen Zeit rauben – und nicht nur Zeit, sondern auch Energie, denn wenn das Gehirn um diese kleinen Dinge kreist, kann es nichts anderes bedenken. »Wir brauchen Klopapier. Die Schuhe sind auch schon wieder zu klein geworden. Morgen muss das Schulkind vier Euro für den Wandertag mitnehmen. Das Kindergartenkind braucht neue Windeln im Kindergarten. Und was kann ich morgen bloß zum Abendessen kochen? Mist, die E-Mail an den Kunden habe ich noch nicht beantwortet«, so kreisen die Gedanken in unseren Köpfen, und wir können froh sein, wenn es nur so wenige sind. »Ich habe das Gefühl, ich bin nur am Rennen und trotzdem immer zu spät dran«, brachte eine Freundin diese ständige Überforderung auf den Punkt. Sie wolle einfach nur schlafen und aufwachen, wenn die Kinder groß seien, sagte sie, als sie wieder einmal ein spuckendes Kind früher aus dem Kindergarten abholen musste. Einfach mal ausruhen – dafür fehlt vielen Eltern schlicht die Zeit. Da uns im Lauf der Evolution weder eine dritte Hand gewachsen ist noch der Tag vier Stunden hinzubekommen hat, werden wir dieses Gefühl der Zerrissenheit nicht los, überall zu spät zu sein und immer etwas unerledigt zu lassen. Eltern sind ständig »on the run«, auf dem Sprung, immer in Alarmbereitschaft. Der Tag hat bekanntlich nur 24 Stunden, und es ist eine Illusion, dass wir nur effektiver arbeiten müssen, damit sich mit stetiger Produktivitätssteigerung alles unter einen Hut bringen lässt.

Dass sich heute alles in dieser »Rushhour des Lebens« zusammendrängt, ist eine Konsequenz daraus, dass die Ausbildungsphasen immer länger dauern und Eltern immer später Eltern werden – mittlerweile im Durchschnitt erst mit über dreißig Jahren, Akademiker tendenziell noch später. Der Grund liegt nicht nur darin, dass es länger dauert, bis sie ihren Abschluss haben, sondern auch darin, dass sie erst einmal Karriere machen, in den Beruf einsteigen und nicht gleich wieder aussteigen wollen – denn so wird sie ja empfunden, die Elternzeit. Gerade erst angefangen, so richtig durchzustarten, und dann ab auf die Ersatzbank, ohne die Gewissheit, jemals wieder aufs Spielfeld zu dürfen.

So sind es eben die Jahre zwischen dreißig und Ende vierzig, in denen sich alles ballt. Flexiblere Lebensläufe würden dafür sorgen, dass sich das entzerrt. Die Menschen werden immer älter und bleiben dabei auch immer länger fit. Nicht alle wollen mit 68 Jahren schon in Rente gehen, immer mehr arbeiten nebenher weiter. Manche tun das unfreiwillig, weil das Leben schlicht zu teuer ist, um mit der Rente auszukommen, aber nicht wenige auch freiwillig – weil sie sich nicht so alt fühlen, weil ihnen ihr Beruf Spaß macht, weil sie sich einbringen wollen.

Wieso zählen Arbeitnehmer häufig mit fünfzig zum »alten Eisen«? Diese Jahre, wenn Eltern wieder voll ins Berufsleben einsteigen können, weil die Kinder aus dem Haus sind, könnten in nicht wenigen Berufen doch auch der zweite Karriereschub sein. Es wird viel davon gesprochen, dass sechzig das neue fünfzig ist – warum sollten sich dann also die Sechzigjährigen auf die Rente vorbereiten? Eine Gesellschaft, in der alle weniger, aber dafür länger arbeiten, würde die traditionelle Aufteilung in Arbeit und Freizeit (erst die Arbeit und dann in der Rente die Freizeit) aufbrechen. Gleichzeitig würde das die Vereinbarkeit von Familie und Beruf erleichtern und gleichzeitig Ältere aktiver ins Berufsleben einbinden. Machen wir uns nichts vor: Der Renteneinstieg wird sich noch weiter nach hinten verschieben (müssen), allein schon aufgrund des demografischen Wandels. Wir haben bereits in Kapitel 2 gesehen, dass der derzeitige Generationenvertrag arg ins Schwanken geraten ist.

Eine Studie des Max-Planck-Instituts für demografische Forschung hat berechnet, dass der Arbeitskräftemangel sich ausgleichen ließe, in dem die Menschen in der »Rushhour des Lebens« weniger, die Menschen im Rentenalter dafür etwas mehr arbeiten würden. Björn Schwentker und James Vaupel ziehen in ihrem 2011 erschienenen Essay *Eine neue Kultur des Wandels*[11] als Konsequenz aus dieser Berechnung, dass alle im Alter von zwanzig bis 65 nur noch 25 Stunden die Woche arbeiten müssten, um die wirtschaftliche Arbeitsleistung pro Kopf auf demselben Niveau zu halten. Hierzu müssten die 65- bis 70-Jährigen sich jedoch auch zu einem kleinen Teil am Wirtschaftsleben beteiligen. »Die Zukunft der Arbeit wird wesentlich auf Modellen der Teilzeitarbeit beruhen, und nicht mehr wie heute die Vollzeitarbeit zur – insbesondere für Männer – sozialen Norm erheben« schreiben die Autoren. Der Staat könne diese Umverteilung der Arbeit durch Maßnahmen wie Lebensarbeitszeitkonten oder steuerliche Vorteile unterstützen. Mir stellt sich da wieder die Frage, warum heute Altersteilzeitmodelle, jedoch keine Elternteilzeitmodelle unterstützt werden? Durch eine Arbeitswelt, die auf Teilzeitmodellen beruht, würde nicht nur eine Umverteilung der Arbeit entlang der Lebensläufe, sondern auch entlang der Geschlechter stattfinden, argumentieren die Autoren.[12]

Eine, die seit Jahren eine variable 32-Stunden-Woche fordert, ist Jutta Allmendinger. Die Soziologin leitet das Wissenschaftszentrum Berlin für Sozialforschung. Sie spricht sich dafür aus, dass man diese Arbeitsstunden im Durchschnitt über das ganze Erwerbsleben hinweg erzielt – also die Arbeitszeit variabel an die Lebensumstände und Lebensphasen anpasst. Wie sie ausgerechnet auf 32 Wochenstunden kommt? Sie addiert die Arbeitszeiten von Männern und Frauen und teilt sie durch zwei. So fehlen dem Arbeitsmarkt keine Stunden, argumentiert Jutta Allmendinger. »Auf Familien bezogen bedeutet mein Ansatz, dass man am Anfang des Erwerbslebens viele Stunden arbeiten kann. Dann kommt meist eine Zeit der Familienbildung: Man hat Kinder und weniger Zeit für den Beruf«, erklärt sie in einem Interview mit der Bundeszentrale für Politische Bildung. Durch eine Flexibilisierung der Arbeitszeit könne man auch die Gleichberechtigung und Vereinbarkeit besser fördern, denn sie stellt klar: »Wir verlieren junge Frauen nicht in der Bildung, nicht in der Ausbildung, nicht in den ersten Erwerbsjahren. Wir verlieren diese Frauen, wenn sie Kinder bekommen.«[13]

Können wir uns das leisten? Eine kinderfreundliche Gesellschaft ist eine, in der auch Frauen mehr Chancen haben und im Erwerbsleben nicht einfach aussortiert werden.

Wie wollen wir leben?

Es geht letztlich um die nicht gerade unwichtige Frage, welche Prioritäten eine Gesellschaft setzt: Wie viel Zeit wollen wir auf unsere Arbeit verwenden – über das gesamte Leben gesehen? Wie viel Zeit wollen wir in unsere Kinder, unser Privatleben, die Kultur investieren? Was ist uns wichtig? Dies ist nicht nur eine Frage, die jeder Einzelne und jede Einzelne für sich klären muss, sondern die auch gesamtgesellschaftlich beantwortet werden sollte.

Eine Gesellschaft, in der Eltern durch ein Entzerren der »Rushhour des Lebens« mehr Zeit für Kinder und Familie haben, ist eine kinderfreundlichere Gesellschaft, denn dadurch wird der Zeit mit Kindern eine höhere Bedeutung beigemessen und somit auch dem Kind an sich. Eine Gesellschaft, in der anerkannt wird, dass es mehr als nur Arbeit und Produktivitätssteigerung gibt, ist auch eine Gesellschaft, in der der Kindheit wieder mehr Bedeutung beigemessen wird. Das gibt Eltern die Möglichkeit, diese Kindheit ungehinderter zu begleiten – ohne Druck, ohne sich zerrissen zu fühlen.

Man kann auch umgekehrt sagen: Eine kinderfreundliche Gesellschaft benötigt flexiblere Arbeitszeitmodelle, die eine bessere Vereinbarkeit von Familie und Beruf ermöglichen. Das führt zu einer besseren Work-Life-Balance – nicht nur für Eltern übrigens. Auch Kinderlose profitieren von flexibleren Arbeitsmodellen und davon, dass die Arbeitsleistung weniger nach Präsenz und Arbeitszeit als nach dem Ergebnis bewertet wird. Mehrere Umfragen zeigen, dass gerade für jüngere Arbeitnehmer die Work-Life-Balance zu einem immer wichtigeren Kriterium bei der Jobwahl wird – auch sie werden also von einer kinderfreundlicheren Arbeitswelt profitieren.

3
Kinder im Steuer- und Rentenrecht

Steuern berühren unser tägliches Leben. Sie gehen schon von unserem monatlichen Einkommen ab und begegnen uns in Form der Mehrwertsteuer, sobald wir Waren oder Dienstleistungen einkaufen. Mit dem Steuerrecht steht dem Staat ein mächtiges Lenkungssystem zur Verfügung. Die Entscheidung darüber, was wie besteuert wird, legt somit auch fest, was wichtig ist, was gefördert werden soll und was nicht.

Bildungskosten – Gefangen in der Lernmittelfreiheit

Richtig deutlich wird einem das häufig, wenn man die Unterlagen für die Einkommenssteuererklärung zusammensucht. Dann fallen einem diese vielen kleinen Dinge auf, die Familien benachteiligen. Wieso wird der – aus Klimaschutzgründen sowieso zweifelhafte – Dienstwagen steuerlich gefördert, aber ein Fahrrad, mit dem man zur Arbeit fährt, nicht? Klar, es gibt bereits fortschrittliche Unternehmen, die Dienstfahrräder stellen – aber das sind immer noch Ausnahmen, die man suchen muss. Warum sind die

Wege zur Arbeit mit Auto oder öffentlichen Verkehrsmitteln von der Steuer absetzbar, der Weg zur Schule und zum Kindergarten aber nicht? Warum wird die Busfahrkarte für Schüler vielerorts nur bis zur zehnten Klasse gefördert und kann ab der Oberstufe nicht einmal von den selbstzahlenden Eltern von der Steuer abgesetzt werden?

Dieselbe ungleiche Behandlung gilt in Bezug auf den Kauf von Arbeitsmaterialien oder Büchern, die man für den Beruf und die Weiterbildung benötigt und die man im Gegensatz zu Schulmaterialien in der Steuererklärung als Werbungskosten anführen kann.

In einigen Bundesländern gibt es offiziell die sogenannte Lernmittelfreiheit, auch in Schleswig-Holstein, wo ich lebe. Damit ist gemeint, dass Schulbücher in der Schule ausgeliehen und am Ende des Schuljahres zurückgegeben werden können, so sollen Familien entlastet werden. Ich finde es traurig, dass das nicht in allen Bundesländern gilt und Eltern für die Schulbildung ihrer Kinder zur Kasse gebeten werden – und die Materialien nicht einmal von der Steuer absetzen können. Allerdings bedeutet Lernmittelfreiheit auch nicht, dass gar keine Schulmaterialien mehr angeschafft werden müssen. Gerade in der Grundschule schreiben die Schüler fast nur in Arbeitshefte, die selbst zu besorgen und natürlich auch selbst zu bezahlen sind.

Als mein ältester Sohn in die erste Klasse kam, staunte ich nicht schlecht über die nicht enden wollende Liste, die mir beim Elternabend diktiert wurde. Noch mehr staunte ich dann, als ich in der Buchhandlung mehr als einhundert Euro dafür hinlegen musste. Doch damit sind Schulkindereltern noch lange nicht am Ende des Geldausgebens angekommen. Neben Schulranzen und Federmäppchen fallen noch weitere Dinge an wie Buntstifte, Bleistifte, Hefte und Ordner, Tintenroller, Tintenkiller, Füller, Tintenpatronen, Geodreiecke und Zeichenblöcke und Zeichenmappen, weiter geht es mit Tuschkasten und Pinseln, Letztere gerne in der Spezialausführung, die es nur exklusiv in genau einem Schreibwarengeschäft der Stadt gibt. Erst, wenn man Schulkinder hat, erschließen sich einem die Sortimente eines Schreibwarenladens.

Ist die Ausstattung beisammen, kommen noch die Kosten für Wandertage und Museumsbesuche hinzu, von Klassenfahrten, die teilweise so viel kosten wie eine Woche Pauschalurlaub auf Mallorca, ganz zu schweigen. Absetzen von der Steuer? Fehlanzeige. Dafür ist kein Feld im »Elster-Formular« vorgesehen. Dabei sind Wandertage und Klassenfahrten kein Freizeitvergnügen, sondern eine Art außerschulische Fortbildung. Das Manager-Selbstfindungsseminar im Wald kann ja auch als Weiterbildung von der Steuer abgesetzt werden. Dass diese Ausgaben nicht wenige Familien an die finanzielle Belastungsgrenze bringen, ist ein weiteres Thema, das wir uns noch genauer ansehen werden.

Warum können diese Bildungskosten für Kinder nicht wie Werbungskosten von der Steuer abgesetzt werden, so wie jeder Arbeitnehmer das mit seinen eigenen selbstbezahlten Fortbildungen tun kann? Was spricht dagegen, die Monatskarte für den Bus, mit dem Oberstufenschüler zur Schule fahren, genauso absetzen zu können wie den Weg ins Büro? Wieso ist es noch immer so kompliziert, den Babysitter oder das Babysitten durch die Großeltern von der Steuer abzusetzen? Es wird viel über die Entlastung von Familien geredet, dies wäre ein einfacher Weg und ein Zeichen, dass dem Staat die Kinder und ihre Ausbildung etwas wert sind.

Reduzierte Mehrwertsteuer – Gehören Trüffel zum Grundbedarf?

Auch bei der Mehrwertsteuer werden Familien benachteiligt. Sie spült einen nicht unerheblichen Betrag in die Staatskasse: Im Jahr 2021 waren es laut Bundesfinanzministerium 250,8 Milliarden Euro.[1] Weil sie sozusagen bei jedem Einkauf fällig wird, belastet sie Familien nicht unerheblich, denn je mehr Mitglieder in einem Haushalt leben, umso mehr muss eingekauft werden. Eltern zahlen daher nicht gerade wenig Mehrwertsteuer, sie geben in 18 Jahren für jedes Kind mehr als 130 000 Euro aus – das hat das Statistische Bundesamt berechnet.[2] Davon fließt eine nicht unerhebliche Summe über die Mehrwertsteuer in die Staatskasse. Viele der Produkte, die für die Kinder eingekauft werden, sind Dinge, die Familiengrundbedarf sind: Windeln, Kinderwagen, Autositze, Babynahrung oder Kinderschuhe.

Um Familien hier zu entlasten, hat man schon vor Jahren beschlossen, dass für sogenannte Produkte des Grundbedarfs ein ermäßigter Mehrwertsteuersatz gelten soll. Wenn man sich aber näher damit beschäftigt, lernt man schnell, dass Lebensmittel nicht gleich Lebensmittel sind und auch die Meinungen darüber, was nun ein Luxusgut ist oder nicht, auseinandergehen. Eigentlich ist seit Jahren klar, dass diese Liste dringend einer Überarbeitung bedarf, aber es wird immer weiter darüber diskutiert.

Eine konsequente Reduzierung des Mehrwertsteuersatzes auf diese Produkte würde Familien erheblich entlasten und Ungereimtheiten in der Besteuerung auflösen. Denn wieso auf Tiernahrung und Trüffel nur sieben Prozent Mehrwertsteuer anfallen, auf Windeln und Babybrei im Glas aber 19 Prozent, erschließt sich einem einfach nicht. Es gibt viele Beispiele dieser Art: Auf Saft und Mineralwasser fallen 19 Prozent Mehrwertsteuer an, auf Kaffee aber nur sieben Prozent (vielleicht, weil er sozusagen lebensnotwendig für Eltern ist?). Nicht einmal Toilettenpapier wird mit dem ermäßigten Steuersatz belegt. Und das, könnte man sagen, gehört doch nun wirklich zum Grundbedarf. Gerecht ist das jedenfalls nicht.

Steuergesetze sind relativ leicht zu ändern und wirken schnell, im Gegensatz zu Vorhaben wie einem Kitaausbau, der Zeit benötigt. Warum ändert der Staat also nichts an dieser Ungerechtigkeit? Durch die Steuergesetze können politisch und gesellschaftlich Prioritäten gesetzt und unmittelbar ausgedrückt werden, was im Fokus steht und unterstützt werden soll. Umso mehr verwundern die Absurditäten im Mehrwertsteuerrecht. Doch das ist noch nicht alles, was das deutsche Steuerrecht zu bieten hat.

Ehegattensplitting – Willkommen in Absurdistan!

Ein weiteres Absurdum der deutschen Steuerpolitik ist das Ehegattensplitting, das seit vielen Jahren in der Kritik steht – und dennoch wurde bisher nichts daran geändert. Dieses Steuerprivileg für Verheiratete kostet den Staat rund 22 Milliarden Euro jährlich, so Berechnungen des Bundes. In offiziellen Dokumenten fällt das Ehegattensplitting unter die familienpolitischen Maßnahmen – dabei hat es nichts mit der Anzahl der Kinder in einer Familie zu tun, sondern nur mit der Frage, ob ein Paar mit oder ohne Trauschein zusammenlebt.

Wie kam es dazu, dass verheiratete Paare bei der Steuerermittlung so begünstigt wurden? Das Ehegattensplitting wurde 1957 nach einer Entscheidung des Bundesverfassungsgerichts umgesetzt. Die Richter waren der Ansicht, dass eine Zusammenveranlagung der Partner aufgrund der progressiven Einkommenssteuer zu einer finanziell nachteiligen Situation bei Paaren führt, wenn beide berufstätig sind. Und das verstieß aus Sicht der Richter gegen den verfassungsrechtlichen Schutz der Ehe nach Artikel sechs im Grundgesetz.

Was ist damit gemeint? Progressiver Steuersatz bedeutet, dass der Steuersatz mit steigendem Einkommen ebenfalls steigt, sodass die, die mehr verdienen, auch einen höheren Prozentsatz an Steuern zahlen müssen. In einer Ehe werden beide Partner steuerlich als eine Gemeinschaft betrachtet, sie müssten daher mehr Steuern zahlen, als wenn zwei Einkommen getrennt versteuert würden. Beim Ehegattensplitting werden nun die Einkommen der Eheleute zusammengelegt und durch zwei geteilt, dann wird die Steuer berechnet und anschließend der Betrag wieder verdoppelt. Durch dieses Verfahren können Eheleute Steuern sparen, insbesondere dann, wenn sie ein unterschiedliches Einkommen haben. Je größer dieser Unterschied, desto mehr Steuern lassen sich logischerweise sparen. Am größten ist die Ersparnis, wenn nur einer oder eine in der Ehe Geld verdient und der oder die andere gar nichts.

Beispiel gefällig? Der Spitzensteuersatz von derzeit 42 Prozent ist bei einem Bruttoeinkommen über 53 666 Euro fällig. Ist eine Person mit einem Einkommen von sagen wir 60 000 Euro verheiratet mit einer anderen Person, die kein Einkommen hat, wird diese Summe durch zwei geteilt, sodass jedem also 30 000 Euro zugeteilt werden. Für dieses Einkommen liegt der Steuersatz bei ungefähr dreißig Prozent – also deutlich unter den 42 Prozent. Die Steuerersparnis beläuft sich auf etwas unter 5 000 Euro pro Jahr, vereinfacht gerechnet. Besonders Gutverdienende profitieren so vom Ehegattensplitting.

Es ist ein also Rechenspiel: Für viele verheiratete Frauen lohnt sich der Wiedereinstieg in den Beruf nach einer Elternzeit finanziell nicht. Die zusätzliche Steuerlast frisst das Einkommen quasi auf. »Dann kann ich gleich ganz zu Hause bleiben, wozu der Stress mit der Arbeit?«, sagte auch eine meiner Freundinnen und entschied sich, nach der Elternzeit nicht sofort wieder ins Büro zu gehen. Denn so falle nicht nur die Steuerersparnis weg, es kämen auch noch die Kosten für die Krippe hinzu, rechnete sie mir vor. Ihr Stundenlohn hätte abzüglich dieser Kosten und der Steuerersparnis bei weniger als drei Euro gelegen. Bei einer anderen Freundin rechnete sich steuerlich gesehen nur ein Teilzeitjob mit zwanzig Wochenstunden. Eigentlich wollte sie gerne dreißig Stunden arbeiten, um beruflich nicht den Anschluss zu verlieren, aber es lohnte sich einfach nicht.

Der Grundgedanke, der hinter dem Ehegattensplitting stand, war: die Ehe zu fördern, die Versorgung der Ehepartner sicherzustellen – als diese Regelung eingeführt wurde, war es mehrheitlich die Ehefrau, die versorgt werden sollte – und durch die Förderung der Ehe auch die Familie zu stärken. Etwa 41 Prozent der Paare, die das Ehegattensplitting heute in Anspruch nehmen, sind laut Statistischem Bundesamt aber entweder kinderlos oder Eltern erwachsener Kinder. Das Steuergesetz stammt aus einer Zeit, als Kinder zu bekommen noch mit der Ehe gleichgesetzt wurde und man durch das steuerliche Fördern von Eheschließungen auch die Geburtenrate anzukurbeln gedachte.

Doch die Zeiten haben sich – ein Glück!- geändert. Die Eheschließung ist keine Voraussetzung dafür, Kinder zu bekommen und großzuziehen. Zwar wachsen 75 Prozent der Kinder mit verheirateten Eltern auf, aber eben auch 16 Prozent mit Alleinerziehenden und zehn Prozent in Lebensgemeinschaften.[3] Dennoch werden all diese Familien mit einem Steuergesetz aus dem Fünfzigerjahren bemessen – und erheblich benachteiligt.

Das Ehegattensplitting subventioniert also quasi, dass Frauen weniger oder gar nicht arbeiten – wie passt das in unsere Zeit? Die Frage ist ja: Was soll durch das Ehegattensplitting heute eigentlich gefördert werden? Die Ehe? Die Tatsache, dass sich zwei Menschen zum Heiraten entschließen? Wieso sollte das vom Staat gefördert werden? Dieser hat keinen wirklichen Vorteil davon, wenn sich zwei Menschen zu einer Ehe oder eingetragenen Partnerschaft entscheiden. Die Gesellschaft hat davon ebenfalls keinen Vorteil – und es sind ja die übrigen Steuerzahler, die diese Steuerersparnis gegenfinanzieren. Immerhin geht es dabei um eine Summe von 22 Milliarden Euro, das möchte ich noch einmal in Erinnerung rufen.

Das ist weder fair noch mit einer modernen Gesellschaft zu vereinbaren. Das sehen übrigens auch die EU-Kommission und OECD so, die Deutschland regelmäßig für dieses Steuerrelikt gerügt haben, weil es Frauen vom Arbeitsmarkt fernhalte. Und es ist ja tatsächlich so, dass viele gut ausgebildete Frauen ihre Arbeitszeit reduzieren, weil es sich steuerlich nicht lohnt. Dabei wollen die wenigsten ein Lebensmodell aus den Fünfzigerjahren leben. Vor der Familiengründung nehmen sich die meisten Paare vor, sich die häusliche und die berufliche Arbeit partnerschaftlich aufzuteilen.

Deutschland ist übrigens das einzige Land im Verbund des OECD, dessen Steuersystem die Alleinverdienerehe bevorzugt. Doch obwohl die Abschaffung des Ehegattensplittings immer wieder in Parteiprogrammen von SPD und Grünen auftaucht, wurde das auch bei Regierungsbeteiligung dieser Parteien bisher nicht umgesetzt. Selbst im Koalitionsvertrag der aktuellen Regierung taucht der Begriff »Ehegattensplitting« gar nicht erst auf. Auf Seite 115 des Koalitionsvertrags ist immerhin von einer Familienbesteuerung die Rede: »Wir wollen die Familienbesteuerung so weiterentwickeln, dass die partnerschaftliche Verantwortung und wirtschaftliche Unabhängigkeit mit Blick auf alle Familienformen gestärkt werden.«[4] Eine wirkliche Abschaffung oder Überarbeitung der ungerechten Steuerpolitik ist das noch nicht.

Aber weshalb wird dieses Steuerprivileg seit Jahren kritisiert und dennoch nicht verändert? Zu diesem Thema sollten wir als Gesellschaft dringend mehr Diskussionen führen. Steuerprivilegien zu streichen, das macht natürlich niemand gerne. Vor allem nicht, wenn es sie seit so langer Zeit gibt und viele Menschen ihr Leben danach ausgerichtet haben. Außerdem hat das Bundesverfassungsgericht 1982 noch einmal das Ehegattensplitting als verfassungsgemäß bestätigt und auf den im Grundgesetz verankerten Schutz der Ehe verwiesen. Es sei damit, so die Richter, »eine besondere Anerkennung der Ehefrau als Hausfrau und Mutter verbunden«.[5]

Aber wo bleibt da die Anerkennung für die Mütter – und natürlich auch Väter –, die ihre Kinder ohne Trauschein großziehen? Haben sie weniger Anerkennung verdient? Und was ist mit den Alleinerziehenden, die steuerlich gesehen in dieser Hinsicht völlig benachteiligt und außen vor sind? Wäre es nicht viel gerechter, Familie in all ihren Formen zu fördern und das anzuerkennen, was Eltern leisten? Das Ehegattensplitting hat auf jeden Fall ein Gerechtigkeitsproblem.

Familien unterstützen statt Ehen

Es ist schlicht und einfach ungerecht, dass Frauen in schlechter bezahlte Jobs oder gar das Hausfrauendasein gedrängt und durch das Ehegattensplitting ihrer Arbeit abgewertet werden, weil sie sich »ja nicht mehr lohnt«. Es ist ungerecht, dass Gutverdienende von dieser Förderung mehr profitieren als Geringverdienende. Und es ist nicht nur ungerecht, sondern beinahe aus der Zeit gefallen, mit öffentlichen Geldern zu fördern, dass Paare sich auf dem Standesamt das Ja-Wort geben.

Mit diesem Steuerprivileg, das eine bestimmte Form des Zusammenlebens belohnt, werden verschiedene Lebensmodelle gegeneinander ausgespielt. In einer solchen Art von Gesellschaft möchten die wenigsten leben. Dieser Punkt im Steuerrecht muss dringend überarbeitet werden, denn das Ehegattensplitting erfüllt in der heutigen Zeit keinen Zweck mehr, kostet die Gesellschaft dafür aber umso mehr.

Eine Alternative wäre die Individualbesteuerung, wie sie in den skandinavischen Ländern und überhaupt den meisten anderen Ländern üblich ist, oder ein Familiensplitting wie in Frankreich, wo der Steuersatz von der Anzahl der Kinder abhängt. Erinnern wir uns: Das Ehegattensplitting wurde eingeführt, weil das Bundesverfassungsgericht eine Benachteiligung von Eheleuten bei einer steuerlichen Zusammenveranlagung ausräumen wollte. Die Zusammenveranlagung wurde übrigens 1934 von den Nationalsozialisten eingeführt, mit dem Ziel, die Frauen vom Arbeitsmarkt an den Herd zu drängen. Wieso also hält der deutsche Staat an einem zutiefst frauenfeindlichen Steuergesetz aus den Dreißigerjahren fest?

Die Frage ist, was der Staat durch steuerliche Begünstigung fördern möchte. Aber gerade dann wäre es sinnvoller, die 22 Milliarden Euro, die das Ehegattensplitting jährlich kostet, in das Umfeld der Kinder oder in Schulen oder Kindergärten zu investieren. Das wäre direktere und echte Familienförderung. Zum Vergleich: Der gesamte Etat des Familienministeriums liegt bei etwas über zwölf Milliarden Euro, aus dem Kindergartenplätze bezahlt werden, Elterngeld, Kindergeld und Ganztagsschulen. 22 Milliarden Euro gegenüber zwölf Milliarden Euro! Ein neues Steuerrecht ist etwas Grundsätzliches, eine Änderung, die Mut erfordert, denn wenn man Steuerprivilegien streicht, wird man sich auf Gegenwind aus einigen Schichten der Bevölkerung gefasst machen müssen. Aber wir leben nicht mehr in den Fünfzigerjahren, und der Wandel, der sich in der Gesellschaft vollzogen hat, sollte sich auch im Steuerrecht niederschlagen.

Es ist die Aufgabe der Politik, Antworten auf diese gesellschaftlichen Fragen zu finden. Es ist definitiv ebenfalls die Aufgabe der Politik, in die Zukunft zu schauen und sie gerecht zu gestalten. Und das bedeutet, dass man Gesetze immer wieder überarbeitet und anpasst und auch Privilegien streicht, die von den gesellschaftlichen Entwicklungen eingeholt und überholt worden sind.

Doppelt belastet und doppelt benachteiligt – Das deutsche Rentensystem

Doch nicht nur die Mehrwertsteuer und das Ehegattensplitting benachteiligen Familien gegenüber Kinderlosen, auch das umlagefinanzierte Rentensystem ist alles andere als gerecht. Steuern und Renten, ich weiß, das bedeutet Zahlen anzuschauen, da mag der eine oder die andere gedanklich aussteigen. Es lohnt sich aber, in diese als trocken verschriene Materie einzusteigen, denn sie betrifft uns alle, ganz elementar. Auch oder gerade unsere Kinder, denn wenn die heutigen Ungerechtigkeiten nicht ausgeräumt werden, wird das langfristige Folgen für die Stabilität der Altersversorgung haben, ja, für die Stabilität der Gesellschaft im Ganzen.

Das Sozialversicherungssystem in Deutschland ist umlagefinanziert. Das bedeutet, von jedem Einkommen geht ein bestimmter Anteil in die Rentenversicherung, in die Pflegeversicherung und Krankenversicherung. Was ich also aktuell in die öffentliche Rentenkasse einzahle, davon wird den heutigen Rentnern ihre Rente ausgezahlt. Meine eigene Rente wird dann später von dem Geld bezahlt, das meine Kinder und die Kinder der übrigen Menschen meiner Generation einmal von ihrem Arbeitslohn in die Rentenkasse einzahlen werden. Ich bekomme also im Alter nicht das wieder zurück, was ich selbst eingezahlt habe. Ich zahle nicht direkt für mich, sondern für die, die heute ihre Renten beziehen.

So weit, so gut. Allerdings werden die Kosten für Krankenversicherung, Pflegeversicherung und die Rentenkassen allen Sozialversicherten auferlegt, die Kosten für Kindererziehung jedoch weitestgehend nur den Eltern. Eltern werden also doppelt belastet, denn sie erziehen Kinder, ohne die die Sozialversicherungssysteme in ihrer jetzigen Form nicht zukunftsfähig wären, und zahlen gleichzeitig Beiträge in die Sozialversicherungen ein. Sie bedienen, wenn man so will, zwei Generationenverträge gleichzeitig. Und dennoch richten sich die Rentenansprüche danach, wie viel man im Lauf seiner Erwerbszeit in die Rentenkasse eingezahlt hat. Zwar ist seit einer Entscheidung des Bundesverfassungsgerichts aus dem Jahr 2001, das in der Pflegeversicherung eine verfassungswidrige Ungleichbehandlung von Eltern und Kinderlosen erkannt hat, der Beitrag für Kinderlose geringfügig höher als für Eltern, aber auf die Bereiche der Renten- und Krankenversicherung wurde dies nicht übertragen, obwohl das Bundesverfassungsgericht in seinem Urteil dem Gesetzgeber aufgab, »die Bedeutung des vorliegenden Urteils auch für andere Zweige der Sozialversicherung zu prüfen«.[6] Der höhere Beitrag für die Pflegeversicherung ist für Kinderlose übrigens wirklich marginal: Bei einem monatlichen Bruttoarbeitslohn von 3 000 Euro muss ein Kinderloser 56,25 Euro monatlich für die Pflegeversicherung abführen, ein Elternteil mit demselben Bruttoarbeitseinkommen 45,75 Euro. Wirkliche Entlastung der Eltern sieht anders aus. Ein Ansporn, Kinder zu bekommen, ist eine solche Ersparnis jedenfalls ganz sicher nicht.

Dadurch, dass Eltern Kinder großziehen, die wiederum später einmal die Rente der heutigen Kinderlosen mitfinanzieren, haben Eltern eine Doppelbelastung, weil auch das Aufziehen der Kinder einiges an Geld kostet. Das Altersversorgungssystem der Vergangenheit hat sich damit sozusagen umgekehrt: Vor zweihundert Jahren versorgten die Kinder ihre Eltern im Alter, und wer keine Kinder hatte, war auf Almosen oder eigene Ersparnisse angewiesen. Die »kinderlose Tante« etwa war bemitleidenswert, hatte sie doch niemanden, der sie versorgte. Die heutigen »kinderlosen Tanten« hingegen haben Zeit und Geld für Reisen und Hobbys, während die Schwester mit zwei Kindern ihr Geld für Familienausflüge, Spielsachen und stetig zu klein werdenden Hosen und Schuhen ausgeben darf.

Zugegeben, das trifft sicher nicht auf alle zu, ist zugespitzt und verallgemeinert, aber es zeigt den Kern des Problems: Das Geld, das Eltern für ihre Kinder ausgeben, sei es für den täglichen Bedarf oder die Ausbildung, können Kinderlose sparen. Häufig verdienen sie auch mehr, weil sie ihre Arbeitszeit seltener reduzieren. Dieses Geld können Kinderlose für Reisen, Kleidung, Hobbys und so weiter ausgeben oder für die Altersvorsorge zurücklegen. Dann profitieren sie im Alter von höheren Renten, während Eltern vielleicht sogar weniger Rente bekommen, da sie mehrere Jahre die Arbeitszeit reduziert haben, um sich um die Kinder zu kümmern. Um diese Lücke zu schließen, wurden Extra-Rentenpunkte für Erziehungszeiten eingeführt.

Jedoch handelt es sich dabei um nicht mehr als einen Versuch, kritisiert der Bochumer Professor Martin Werding von der Ruhr-Universität, Lehrstuhl für Sozialpolitik und öffentliche Finanzen. Im Interview, das ich mit ihm für dieses Buch geführt habe, merkte er an, dass die bisherigen Regelungen nicht ausreichten, um die Doppelbelastung von Eltern zu mindern oder sie gar dafür zu belohnen, dass sie diese auf sich nehmen. Unterm Strich seien es die Familien, die das ganze System tragen. Eltern sichern die Zukunftsfähigkeit der Sozialversicherungssysteme, denn ohne Kinder kein Generationenvertrag, ergo keine Rente.

Was ist mit dem häufig angeführten Argument, Familien würden an anderer Stelle Entlastungen und Förderungen von Staatsseite erhalten? In einer Studie für die Bertelsmann-Stiftung hat Martin Werding berechnet, dass die staatliche Entlastung und Förderung von Familien die Mehrbelastung der Eltern nicht kompensiert.[7] Ich möchte an dieser Stelle ein paar Zahlen nennen, denn sie verdeutlichen, wie der Staat seine Ausgaben verteilt. Laut »Bestandsaufnahme der familienbezogenen Leistungen und Maßnahmen des Staates« des Familienministeriums aus dem Jahr 2010 wurden Maßnahmen mit einem Gesamtvolumen von 200,3 Milliarden Euro gefördert. Rechnet man das Ehegattensplitting, von dem wir wissen, dass es die Ehe und nicht die Familie fördert, und den verfassungsrechtlich zwingenden Familienlastenausgleich heraus, also die steuerliche Freistellung eines Einkommensbetrages in Höhe des Existenzminimums beispielsweise durch Kinderfreibeträge, bleiben 55,4 Milliarden Euro, die der Gesetzgeber zur Familienförderung zur Verfügung stellt. Die Ausgaben für die umlagefinanzierte Renten-, Pflege- und Krankenversicherung lagen im Jahr 2010 bei 441,6 Milliarden Euro. 55,4 Milliarden Euro für die Familienförderung plus 441,6 Milliarden Euro für die Sozialversicherungen – wir sprechen hier von sehr viel Geld.

Diese Zahlen nahm Martin Werding für seine Studie als Grundlage. Vereinfacht ergaben seine Berechnungen Folgendes: Die Beiträge, die ein im Jahr 2000 geborenes Kind bei durchschnittlichem Erwerbsverhalten bis zum Renteneintritt in die Rentenkasse einzahlt, übersteigen die dadurch erworbenen Rentenansprüche um rund 77 200 Euro. Für die Betreuungsperson dieses Kindes (in den meisten Fällen ist das die Mutter) ergeben sich durch die Anrechnung von durchschnittlichen Erziehungszeiten 8 300 Euro Rentenansprüche extra.

Rechnet man dann die öffentlich finanzierten Ausgaben für Gesundheit, Bildung, Beiträge und Leistungen der anderen Sozialversicherungen sowie familienpolitische Leistungen, die die Gesellschaft mitträgt, hinzu, zeigt sich, dass die Bilanz dennoch nicht ausgeglichen ist. Das Kind zahlt nämlich 50 500 Euro mehr an Beiträgen in die Rentenkasse und an Steuern, als es den Staat kostet. Auch hier wird von einem durchschnittlichen Erwerbsverhalten ausgegangen.

Die Zahlen stammen aus dem Jahr 2010 – doch es habe sich am Grundsätzlichen nichts geändert, so der Bochumer Professor. Die hohe Belastung durch Sozialbeiträge, während man gleichzeitig hohe Kosten für die Kindererziehung hat, sorge dafür, dass viele Familien in finanzielle Bedrängnis gerieten: »Das führt dazu, dass Kinder zum Armutsrisiko werden.« Die Benachteiligung von Familien zieht also weniger Chancengerechtigkeit nach sich, auf die ich in Kapitel 6 noch einmal genauer eingehen werde. Zugespitzt sagt er dazu in dem Buch *Der tiefe Riss* von Susanne Garsoffky und Britta Sembach: »Dadurch, dass wir den Wert von Kindern sozialisiert, die Kosten für Kinder aber privatisiert haben, ist es ökonomisch vernünftiger, keine Kinder zu haben, sondern durch die Kinder anderer abgesichert zu sein.«[8] Im Klartext: Kinder zu haben rechnet sich nicht, wird auch noch durch Mehrausgaben »bestraft«, während Kinderlose finanziell belohnt werden.

Martin Werding hat in der Studie Forderungen für ein gerechteres Renten- und Sozialversicherungssystem aufgestellt, die die gesellschaftlichen Leistungen von Müttern und Vätern stärker anerkennen, die Familien deutlicher entlasten, um ihnen mehr finanzielle Sicherheit zu geben und so auch Kinderarmut zu verringern. In ihren Reformvorschlägen fordert die Studie zum einen, im Rentensystem noch stärker zu differenzieren, also die spätere Rente noch mehr als bisher an Erziehungszeiten zu knüpfen. »Es geht auch darum, Kinderlosen aufzuzeigen, dass Kinderaufziehen eine Form von Arbeit ist, die Wertschätzung bedarf, auch materieller«, führt Martin Werding aus und spricht sich damit für eine gerechtere Lastenverteilung aus. Andererseits sollte seiner Ansicht nach für Kinderlose eine private Altersvorsorge verbindlich werden. Das, was man spart, wenn man keine Kosten für Kinder hat, kann man zumindest teilweise in eine zusätzliche Absicherung für die Rente stecken.

»Wer zahlt für wen?« ist immer eine Diskussion, in der es auch um Emotionen geht. Gesellschaft und Politik müssen sie aber führen, wenn wir unser Rentensystem funktionsfähig halten und damit auch die gesellschaftliche Stabilität erhalten wollen. »Eigentlich hätte schon vor zwanzig Jahren etwas passieren müssen«, sagt Martin Werding. Die Politik hat indes in dieser Zeit mit den Korrekturen im Sozialversicherungssystem zugunsten von Eltern meist nur auf Urteile des Bundesverfassungsgerichtes reagiert, anstatt selbst tätig zu werden, und nicht auf die langfristige Tragfähigkeit und die Familien- und Generationengerechtigkeit geachtet. Auch im Koalitionsvertrag der aktuellen Bundesregierung fehlt eine längerfristige Betrachtung des Generationenvertrages. Dabei drängt die Zeit, mahnt Werding: »Es müssen grundlegende Dinge verändert werden.« Eine reine »Mängelverwaltung« mit dem üblichen Dreiklang aus Rentenbeiträge steigern, Rentenhöhe senken und Rentenalter erhöhen reiche nicht aus. »Nach 2030 lassen sich die derzeit geltenden gesetzlich geregelten Ober- und Untergrenzen für Beitragssätze und das Rentenniveau aus heutiger Sicht nicht mehr gleichzeitig einhalten.«

Es muss also etwas passieren. Und zwar bald. Der Reformdruck ist groß, und er wird nicht kleiner. Dabei wird man auch unpopuläre Entscheidungen treffen müssen. Verständlicherweise tut das kein Politiker gern, schon gar nicht, wenn die Mehrheit der Wähler kurz vorm Rentenalter oder bereits im Rentenalter ist. Doch wenn sich nicht bald etwas tut, sind es unsere Kinder, die unter dem Reformstau leiden werden. Und zwar doppelt. Denn zum einen leiden sie bereits jetzt darunter, dass ihre Familien durch die ungerechte Doppelbelastung in den Sozialsystemen weniger

Geld zur Verfügung haben. Zum anderen werden sie es sein, die es einmal ausbaden müssen, wenn unsere Sozialversicherungssysteme in Zukunft nicht mehr tragfähig sind. Die Schere zwischen Arm und Reich wird durch diese Ungerechtigkeiten immer weiter aufgehen.

Häufig bekomme ich dann zu hören: Mit Investitionen in Höhe von mehr als 55 Milliarden Euro tue der Staat ja doch schon viel für Familien. Man sei doch sehr großzügig an dieser Stelle. Ja, der Staat gibt viel Geld aus. Aber die Frage ist, wofür genau und ob es dort ankommt, wo es benötigt wird, und vor allem: ob es das bewirkt, was es bewirken soll. Denn gut gemeint ist nicht immer gut gemacht.

4
Zwischen Dschungel und Gießkannenprinzip – Familienpolitik in Deutschland

Der Familienpolitik wurde in Deutschland jahrzehntelang wenig Aufmerksamkeit geschenkt. Das bereits genannte Adenauer-Zitat aus den Fünfzigerjahren, »Kinder bekommen sie immer«, zeigt den Stellenwert, den die Familienpolitik in Deutschland lange Zeit hatte. Welchen sie gegenwärtig hat, wurde auch deutlich, als Franziska Giffey im Sommer 2021 als Familienministerin zurücktrat und ihr Posten nicht neu besetzt, sondern einfach kommissarisch an die Justizministerin übertragen wurde. Nicht auszudenken, der Wirtschaftsminister hätte mal einfach so den Job des Arbeitsministers mit übernommen, was hätte es da Kritik gehagelt!

Kinderbetreuung, Vereinbarkeit von Familie und Beruf, Kindererziehung und Bildung wurden weitestgehend den Familien überlassen. In der Sozialwissenschaft nennt man diesen Ansatz »familialistisch«. So gibt es im Grunde genommen nicht einmal ein eigenständiges Familienministerium und schon gar kein Kinderministerium.

»We are family« – Wer ist heute Familie?

Vielleicht sollte zunächst einmal deutlich werden, von was wir heute sprechen, wenn wir »Familie« sagen. Als das Familienministerium 1953 gegründet wurde, war klar: Familie, das sind Vater, Mutter, Kinder. Auch die Rollenverteilung war einigermaßen klar. Doch diese klassische Definition ist inzwischen überholt. Heute gibt es Alleinerziehende, Patchworkfamilien und Regenbogenfamilien, Mehrgenerationenhäuser, Kinder mit drei Elternteilen, verheiratete Eltern genauso wie Eltern ohne Trauschein. Die Weiterentwicklung der Lebensform Familie spiegelt die Vielfalt der Gesellschaft wider. Dieser Vielfalt muss die Familienpolitik Rechnung tragen.

Was also ist eine Familie? Zählen dazu nur jene, die man gemeinhin mit Kernfamilie bezeichnet? Was ist mit den Großeltern, mit Tanten und Onkeln? Für wieder andere zählen die Paten und Patinnen zur Familie, auch wenn sie nicht blutsverwandt sind. Und was ist mit der guten Freundin der Mutter, die ebenfalls so etwas wie Familie ist? Jugendliche beschreiben auch ihre Freunde als Familie.

Vielleicht ist Familie auch gar nicht so sehr eine feste Institution, sondern vielmehr ein Gefühl – das Gefühl, zu Hause, aufgehoben zu sein, geschützt und so angenommen, wie man ist. In der Familie muss man sich nicht verstellen, hier kann man sein, wer man ist. Und wer diese Familie ist, die einen auffängt, das definiert jeder anders.

Die offizielle, staatliche Definition des Mikrozensus lautet: »Die Familie umfasst im Mikrozensus alle Eltern-Kind-Gemeinschaften, das heißt Ehepaare, nicht eheliche (gemischtgeschlechtliche) und gleichgeschlechtliche Lebensgemeinschaften sowie Alleinerziehende mit Kindern im Haushalt. Einbezogen sind – neben leiblichen Kindern – auch Stief-, Pflege- und Adoptivkinder ohne

Altersbegrenzung. Damit besteht eine Familie immer aus zwei Generationen: Eltern/-teile und im Haushalt lebende Kinder.«[1]

Angesichts dieser weit gefassten Definition ist es kein Wunder, dass die Familienpolitik ziellos wirkt und Geld nach dem Motto »für jeden etwas« verteilt, anstatt wirkliche Ziele zu definieren und zu verfolgen. Familienpolitik ist das, was den Zusammenhalt der Generationen stärkt, und deshalb sollte auch die generationsübergreifende Verantwortlichkeit gestärkt werden.

Ein Blick in die Geschichte – Familienpolitik und ihre Ziele

Die Familie ist politisch betrachtet im »Bundesministerium für Familie, Senioren, Frauen und Jugend« angesiedelt, das 1953 als »Ministerium für Familienfragen« gegründet wurde. Damals hatte man sich folgenden Zielen verschrieben: Wohnraum für Familien zu schaffen, Mütter zu schützen und die Familie als Lebensform zu stärken, auch in Hinblick auf die zunehmende Zahl von Scheidungen. Die Ehe wird im Grundgesetz tatsächlich noch vor der Familie genannt, so steht in Artikel 6, Absatz 1: »Ehe und Familie stehen unter dem besonderen Schutze der staatlichen Ordnung.« In Absatz 4 ist dann der Schutz von Müttern ergänzt: »Jede Mutter hat Anspruch auf den Schutz und die Fürsorge der Gemeinschaft.«

Das Familienministerium führte in den Fünfzigerjahren des letzten Jahrhunderts zunächst eher eine Art Schattendasein. Erst langsam setzte ein Umdenken ein. So ging es anfangs in der Familienpolitik vor allem darum, eine »Doppelbelastung« der Mütter mit Haushalt und Beruf zu vermeiden. 1970 forderte die damalige SPD-Familienministerin Käte Strobel eine Reform des Familienlastenausgleichs, durch den die finanziellen Nachteile von Familien eliminiert werden sollten. 1974 setzte sich Katharina Focke, ebenfalls SPD-Familienministerin, für ein Umverteilungssystem zugunsten von Familien und Kindern ein. In den folgenden Jahren wurde schließlich erkannt, dass immer mehr Mütter erwerbstätig waren (seit 1977 durften sie immerhin ohne Zustimmung des Ehemannes einen Beruf ausüben!). Das führte dazu, dass Antje Huber (SPD), Familienministerin im Jahr 1978, sagte, Frauen müsse eine Entscheidungsfreiheit gelassen werden. Unter dem CDU-Familienminister Heiner Geißler wurden schließlich 1986 Erziehungsgeld und Erziehungszeit eingeführt. Er war es auch, der in den Achtzigerjahren die Vereinbarkeit von Familie und Beruf als eines der wichtigsten Ziele ausrief – zu einer Zeit, als das in den skandinavischen Ländern schon gang und gäbe war und nicht einmal mehr diskutiert wurde. Den großen Umbruch in der Familienpolitik brachte Heiner Geißlers Ministerzeit jedoch nicht – es blieb dabei, das als Ziel auszurufen, gehandelt wurde jedoch nicht konsequent. Erst in den 2000er-Jahren setzte endlich ein Paradigmenwechsel ein, der von der damaligen Familienministerin Renate Schmidt (SPD) eingeleitet wurde. Die Vereinbarkeit von Beruf und Familie rückte von nun an stärker in den Fokus der Ziele und Maßnahmen, genauso wie die Erhöhung der Geburtenrate.

Was ist seitdem passiert?

Natürlich wurden wichtige familienpolitische Instrumente wie das Elterngeld umgesetzt. Aber es hätte schon viel mehr passiert sein müssen. Warum wurde vieles erst in den vergangenen zwanzig Jahren beschlossen? Wieso wurden viele Dinge nicht angegangen, obwohl seit einigen Jahren darauf hingewiesen wurde? Wieso sind andere Länder Deutschland mehr als eine Nasenlänge voraus? Warum schaffen es Politiker nicht, auch mal über den Tellerrand hinaus zu schauen?

Ungerechtigkeiten im Steuersystem wie das Ehegattensplitting wurden immer wieder kritisiert, aber letztlich nicht geändert. Auch der Ausbau zur Ganztagsschule in Grundschulen zieht sich, bis er umgesetzt wird, auch hier hängt Deutschland anderen europäischen Ländern weit hinterher. Selbst wenn an einigen Stellen ein Umdenken eingesetzt hat, bleibt Deutschland auf institutioneller und gesellschaftlicher Ebene kinderfeindlich, was sich nicht zuletzt in der Unentschlossenheit der Familienpolitik zeigt. Kinder werden zur Privatangelegenheit erklärt. »Ihr wolltet Kinder, also seht zu, wie ihr allein damit klarkommt«, das ist das schale Gefühl, das bei vielen Eltern zurückbleibt. Und das hat sich bei vielen durch die Coronapandemie noch einmal mächtig verstärkt.

Familienpolitik heute – Rasender Stillstand

Schaut man auf die heutigen Entwicklungen, gewinnt man den Eindruck, als sei die Familienpolitik stehen geblieben. Klar, man hat einiges angestoßen mit dem Elterngeld und den verschiedenen Elterngeld-Plus-Varianten, durch deren Zuteilung und Beantragung man allerdings auch erst einmal durchsteigen muss. Der Ausbau der Kinderbetreuung geht voran. Dennoch fehlen Ideen, wie man den Herausforderungen der Zukunft gerecht werden kann. Themen wie Kinderarmut, Ausgrenzung von Kindern von der sozialen und kulturellen Teilhabe, Überlastung der Eltern und ungerechte Chancen auf dem Arbeitsmarkt wurden nicht zuletzt durch die Coronapandemie in die öffentliche Wahrnehmung katapultiert – und dennoch folgen die Antworten auf diese grundlegenden Fragen nur tropfenweise bis gar nicht.

Wie kann es sein, dass der Bildungsstand und das Einkommen der Eltern den entscheidenden Einfluss darauf haben, ob ein Kind ein Instrument lernt oder im Chor singt?[2] Wie kann es sein, dass

Kinder nicht an Klassenfahrten teilnehmen können, weil es sich ihre Eltern einfach nicht leisten können?

Oder dass Kinder während des Homeschoolings in einem der Coronalockdowns die Hausaufgaben nicht erledigen konnten, weil sie sich einen Computer mit zwei Geschwistern teilen mussten oder schlicht kein Computer im Haus zur Verfügung stand, geschweige denn ein Drucker, um die erforderlichen Arbeitsblätter auszudrucken? Ganz zu schweigen davon, dass Mütter ihre Arbeitszeit auf 15 Stunden die Woche reduzieren müssen, sobald das Kind in die Schule kommt, weil sie keine Nachmittagsbetreuung für ihr Kind finden. Wie kann es sein, dass der Geldbeutel der Eltern über die Gesundheit eines Kindes entscheidet? Wie kann es sein, dass die soziale Herkunft der Eltern entscheidet, welchen Schulabschluss ein Kind einmal macht? Die Gesellschaft hat die Kinder aus den Augen verloren, so fühlt es sich für viele Familien an.

Es sind diese Fragen – von denen es noch viel mehr gibt –, die eine moderne Familienpolitik beantworten muss. Von den Antworten hängt die Zukunft unserer Kinder, die Zukunft unserer Gesellschaft ab.

Was dürfen Kinder kosten? – Staatliche Etats und Förderungen für Familien

Wenn man über Politik redet, redet man zwangsläufig auch über Geld. Und vor allem darüber, wofür es in einem Staat ausgegeben wird. Die Entscheidung, welche Milliarden in welche Entwicklungen oder Vorhaben investiert werden, zeigt, welche Themen im Fokus der Politik eines Landes stehen und was besonders gefördert werden soll. Wenn man sich die Ausgaben anschaut, kann man also sehen, was priorisiert, was als nicht so wichtig angesehen wird und auch, was scheinbar unwichtig ist.

Um die Mittel, die hier vom Staat an Familien fließen, einordnen zu können, ist es hilfreich, zunächst einmal auf die Kosten zu schauen, denen sich Eltern gegenübersehen, wenn sich Nachwuchs ankündigt. Natürlich lassen sich Kinder nicht in Zahlen fassen, natürlich sind sie immer viel mehr als ein »Kostenfaktor«. Und dennoch müssen Eltern eine Menge Geld aufbringen, um ihnen ein gutes Aufwachsen zu ermöglichen.

Die finanziellen Belastungen von Familien sind enorm. Bis zum 18. Lebensjahr geben Eltern laut den aktuellen Daten des Statistischem Bundesamts 130 000 Euro pro Kind aus.[3] Das muss man sich erst mal leisten können. Am Anfang sind es 516 Euro pro Monat, die Eltern für Nahrung, Kleidung, Freizeit, Spielen und Möbel bezahlen – Kosten für die Kinderbetreuung nicht eingerechnet. Schulkinder brauchen laut den Berechnungen des Statistischen Bundesamtes 604 Euro im Monat, auch hier sind die etwaigen Betreuungskosten für Hort oder offene Ganztagsschule nicht miteingerechnet, doch da kommen schnell noch einmal einhundert Euro im Monat hinzu. Richtig teuer wird es dann, wenn die lieben Kleinen in die Pubertät kommen. Ein jugendliches Kind wird mit etwa 700 Euro monatlich berechnet. Bei den Zahlen des Statistischen Bundesamtes handelt es sich um Zahlen für den reinen Konsum eines Kindes. Die Energie- und Vorsorgekosten und erst recht die Kosten für ein Studium sind in diesen Berechnungen nicht enthalten.

Dem gegenüber stehen die Gelder, die der Staat Familien zur Verfügung stellt. Und wie immer, wenn wir über Staatsausgaben reden, geht es dabei um sehr große Summen. Rund 150 familienpolitische Leistungen gibt es in Deutschland, dazu zählen unter anderem das Kindergeld und die Kindertagesbetreuung, aber auch die kostenlose Mitversicherung in der gesetzlichen Krankenkasse und das BAföG. Ein Etat von 13,1 Milliarden Euro stand dem Familienministerium 2021 zu. 9,72 Milliarden Euro davon sind für familienpolitische Maßnahmen vorgesehen. Damit sich die Zahlen einordnen lassen, ein Vergleich: Das Entwicklungshilfeministerium hatte 2021 beispielsweise einen Etat von 12,43 Milliarden Euro, das Bundesumweltministerium einen Etat von 2,66 Milliarden Euro, dem Verkehrsministerium standen 41,15 Milliarden Euro und dem Verteidigungsministerium 46,93 Milliarden Euro zur Verfügung. Der größte Posten innerhalb des Etats des Familienministeriums ist das Elterngeld mit 7,34 Milliarden Euro, für Kindergeld sind 1,19 Milliarden Euro im Haushalt eingestellt. 1,72 Milliarden Euro sind für Kinder- und Jugendpolitik eingeplant.[4]

Laut einer OECD-Berechnung (OECD Family Database 2017) gibt Deutschland 3,17 Prozent seines Bruttoinlandsproduktes für familienpolitische Leistungen aus, dazu zählen öffentliche Ausgaben für Geldleistungen, Sachleistungen und Steuererleichterungen. Damit liegt Deutschland im oberen Feld der EU-Staaten und steht an sechster Stelle, was die höchsten Ausgaben für Familien angeht. Das hört sich erst einmal gar nicht so schlecht an. Dänemark und Schweden liegen mit 3,4 Prozent nicht weit darüber, Frankreich ist mit 3,6 Prozent der Spitzenreiter. Und doch gibt es einen entscheidenden Unterschied, besonders zu den skandinavischen Staaten: Während in Deutschland ein relativ großer Anteil der Ausgaben in Form von beispielsweise Kindergeld oder Elterngeld direkt an die Familien fließt, ohne deren individuelle Voraussetzungen und Bedürfnisse zu berücksichtigen, werden in Skandinavien (man nennt es deshalb sogar das »skandinavische Modell der Familienpolitik«) beide Elternteile darin unterstützt, Familie und Beruf zu vereinbaren, und es fließt ein Großteil der finanziellen Leistungen in die Kinderbetreuung wie Kindertagesstätten oder Ganztagsschulen.

Deutschland setzt bei den familienpolitischen Ausgaben anders als andere Länder stärker auf das Steuersystem: Ein Drittel aller Leistungen erhalten Familien über diesen Weg. Beispielsweise Hartz-IV-Beziehende werden auf diese Weise jedoch deutlich benachteiligt.

Insgesamt betragen die öffentlichen Ausgaben für Ausbildung und Familienpolitik bis zum 18. Geburtstag eines Kindes in Deutschland 146 000 Euro. Das liegt über dem OECD-Schnitt von 124 000 Euro.[5] Der darin enthaltene Anteil von öffentlichen Bildungsausgaben liegt jedoch mit 4,3 Prozent weiterhin unter dem OECD-Schnitt von 4,9 Prozent. Der Prozentsatz des Geldes, das in Kinderbetreuung fließt, ist in den vergangenen Jahren wegen des Ausbaus von Krippenplätzen und der Ganztagsbetreuung an Grundschulen gestiegen. Die Ausgaben, die Eltern für einen Kindergartenplatz haben, sind deutschlandweit unterschiedlich und können sich von Kommune zu Kommune erheblich unterscheiden. In Mecklenburg-Vorpommern etwa ist die Betreuung für alle Kitakinder seit 2020 beitragsfrei. Im Bundesdurchschnitt bezahlten Eltern laut Lohn- und Einkommenssteuerstatistik 2017 1 310 Euro jährlich für die Kinderbetreuung.[6] Zu den Kindergartengebühren kommen unterschiedliche Verpflegungskosten hinzu. Der Bundesdurchschnitt täuscht darüber hinweg, dass in einigen Bundesländern mehrere hundert Euro im Monat für einen Kindergartenplatz fällig sind.

Die Übersicht, wo man welche Leistungen für Familien beantragen kann und was es für wen gibt, gleicht einem Dschungel, durch den man sich als Eltern kämpfen muss. Warum wird beispielsweise das Kindergeld an anderer Stelle beantragt als das Elterngeld? Und warum ist das von Bundesland zu Bundesland auch noch unterschiedlich? Die Zuständigkeiten sind nicht einheitlich geregelt, also wer zum Beispiel für den BAföG-Antrag, wer für den Unterhaltsvorschuss zuständig ist, wo man die sogenannten Bildungsgutscheine und überhaupt Leistungen aus dem Teilhabepaket erhält. Es ist nicht einfach, sich in alldem zurechtzufinden und es kostet Zeit. Nicht wenige Familien verzichten unfreiwillig auf ihnen zustehende Leistungen, weil sie schlicht niemand darauf hinweist, dass und wo sie diese beantragen können.

Aber wie können Leistungen gezielter dorthin gelangen, wo sie benötigt werden? Wie vermeidet man unnötige Bürokratie, Mehrfachbeantragungen und Überprüfungen, ob diese Leistungen den Familien auch wirklich zustehen? Die Lösung ist denkbar einfach: In Frankreich etwa regelt die Familienkasse alle familienbezogenen Leistungen und erspart Eltern so viel Zeit.

Kindergeld und Inflationsausgleich – Im Dschungel familienpolitischer Unterstützung

Familienpolitik wird freilich nicht nur im Familienministerium gemacht, denn auch viele andere politische Bereiche berühren die Belange von Eltern und Kindern. In manchen Bereichen wie der Steuerpolitik oder der Bildungspolitik sind sie direkt davon betroffen, in anderen wie der Wohnungsbaupolitik, Verkehrspolitik und Umweltpolitik nur indirekt. Familienpolitik bedeutet eben mehr, als nur alle paar Jahre das Kindergeld zu erhöhen.

Wobei genau das Kindergeld eines dieser Missverständnisse im familienpolitischen Bereich ist. Denn es geht nicht an jeden und viele wissen gar nicht, ob sie es eigentlich bekommen. Das mag sich merkwürdig anhören, denn schließlich wird es bei allen – außer bei Grundsicherungsbeziehenden – monatlich auf das Konto überwiesen. Aber im Rahmen der Steuererklärung wird dann ausgerechnet, ob der Kinderfreibetrag sich nicht günstiger auf die Steuerlast auswirkt. Viele wissen vorher nicht, ob sie nun vom Kinderfreibetrag profitieren oder nicht.

Klingt kompliziert? Das mag sein. Aber es lohnt sich, einmal darüber nachzudenken, denn es zeigt, dass die Familienförderung durch das Kindergeld viele Familien gar nicht erreicht. Wirtschaftswissenschaftler vom Deutschen Institut für Wirtschaftsforschung (DIW) haben ausgerechnet, dass Familien mit höherem Einkommen durch den Kinderfreibetrag im Monat 113 Euro mehr erhalten als Familien mit niedrigerem Einkommen durch das Kindergeld.[7] Familien in der Grundsicherung erhalten null Euro. Wie kann es sein, dass die, die sowieso schon mehr Geld zur Verfügung haben, stärker entlastet werden? Sollte es nicht eher umgekehrt sein, dass gerade die entlastet werden, die weniger verdienen?

Daher stellt sich an dieser Stelle auch die Frage, was öffentlichkeitswirksame Maßnahmen wie die Erhöhung des Kindergeldes wirklich bringen. Im Jahr 2021 etwa waren es 15 Euro im Monat, die pro Kind mehr gezahlt wurden. Das kostet den Staat viel Geld, aber was bringt so eine Erhöhung den Familien? Pro Kind sind das 180 Euro im Jahr, die man als Familie mehr zur Verfügung hat. Wer die Preise von Kinderschuhen oder -jacken kennt, der versteht schnell, dass es sich bei diesem Betrag um nicht viel mehr als Symbolik handelt. Eine teure Symbolik, die noch nicht einmal allen Kindern zugutekommt, wenn das Kindergeld auf die Grundsicherung angerechnet wird, Familien mit geringen oder gar keinem Einkommen also kein Kindergeld ausgezahlt bekommen.

Dabei sind es genau die armen Familien, die eine besondere Unterstützung brauchen. Denn die Lebenshaltungskosten sind in den vergangenen Jahren stark gestiegen, was sich in Familien noch einmal deutlicher bemerkbar macht als bei anderen. Bei der Berechnung des Existenzminimums wird dennoch genauso wie bei der Berechnung der Inflation ein sogenannter Standardwarenkorb angesetzt, in dem keine halbjährlich anfallenden Kinderschuhe enthalten sind und auch keine Windeln, von denen Babys bekanntlich viele benötigen. Auch durch die Inflation sind

Familien stärker belastet als der Durchschnitt, das zeigte eine Berechnung des Instituts für Makroökonomie und Konjunkturforschung von Anfang 2022. Die Verbraucherpreise stiegen im Dezember 2021 um 5,3 Prozent, so stark wie seit 1993 nicht mehr. Familien mit Kindern betraf die Preissteigerung besonders stark, errechneten die Ökonomen, die Konsummuster und repräsentative Warenkörbe für acht verschiedene Haushaltstypen ermittelten. Für eine Familie mit zwei Erwachsenen und zwei Kindern und einem Einkommen von 3 600 bis 5 000 Euro im Monat betrug die Inflationsbelastung im Dezember 2021 5,5 Prozent und lag somit 0,2 Prozentpunkte über der amtlichen Inflation. Bei Alleinstehenden war die Belastung laut der Berechnungen durchgängig niedriger.

Man fragt sich schon, wieso es gesetzlich vorgeschriebene Rentenanpassungen gibt, die die steigenden Preise ausgleichen sollen und sich jährlich am ersten Juli an der Lohnentwicklung orientieren, aber keine gesetzlich vorgeschriebenen Erhöhungen von Leistungen für Kinder. Warum hat man die Rentner im Blick, aber nicht die Familien und ihre Mehrfachbelastung?

Wie der Staat Eltern unkompliziert den Start in das Leben mit Baby ermöglichen und sie dabei finanziell entlasten kann, zeigt zum Beispiel Finnland: In Deutschland bekommt man zur Geburt des Babys eine Steueridentifikationsnummer zugeschickt, in Finnland eine Babybox. Diese gibt es schon seit 1938, nur der Inhalt hat sich über all die Jahre verändert. Sie wurde damals eingeführt, um die Kindersterblichkeit zu senken und die Geburtenrate zu erhöhen, denn zu Beginn war daran die Bedingung geknüpft, dass sich die werdenden Mütter bis zum vierten Schwangerschaftsmonat gynäkologisch untersuchen lassen. Heute haben alle Schwangeren, die in Finnland leben und dort sozialversichert sind, ein Anrecht auf diese Box. Darin enthalten ist quasi die Grundausstattung für ein Kind – außer Kinderwagen und Autositz. Also:

Strampler, Schlafsack, Lätzchen, Windeln, Bettwäsche, Babypflegeprodukte, sogar Spielzeug und für die Eltern eine Packung Kondome. Die Box selbst lässt sich als Babybett nutzen, eine passende Matratze gibt es auch dazu. Die Babykleidung ist bewusst geschlechtsneutral gehalten.

Beim ersten Kind entscheiden sich mehr als 90 Prozent der Mütter für die Babybox, beim zweiten Kind sind es noch 45 Prozent. Wer diese Erstausstattung nicht möchte, kann stattdessen 140 Euro beziehen, wobei der Wert der Babybox diese Summe deutlich übersteigt. Mit dieser Maßnahme zeigen die Finnen den Eltern: Euer Kind ist willkommen in unserer Gesellschaft. Von Anfang an. Es wird anerkannt, was Eltern leisten, wenn sie sich für ein Kind entscheiden, auch finanziell.

Warum man es nicht jedem recht machen kann – Familienpolitische Ziele und ihre Umsetzung

Betrachtet man die staatliche Unterstützung von Familien mit ihren vielen Leistungen, zeigt sich, dass es zwei Fördersysteme gibt, deren Wirkungen teilweise in krassem Gegensatz zueinander stehen und sich in der Folge gegenseitig aufheben. Das Ehegattensplitting steht im kompletten Gegensatz zu dem Ziel, mehr Frauen nach der Geburt der Kinder zurück in den Beruf zu bringen, im Gegenteil: Es hält in seiner Wirkung gut ausgebildete Frauen vom Arbeitsmarkt fern und fördert die Altersarmut.

Das traditionelle Familienbild der Wirtschaftswunderjahre, das streng genommen noch viel älter ist, überwog lange in der Politik, und selbst als sich die Frauen längst ihren Platz in der Arbeitswelt erkämpft hatten, hielt man in der Familienpolitik den alten Prinzipien und dem Ideal der Alleinverdienerfamilie fest. Der Ausbau von Kinderbetreuung und Ganztagsschulen hätte schon viel früher erfolgen sollen. Stattdessen galt weiterhin der Grundsatz: Kinder groß zu ziehen ist Privatsache. Und wie ihr das mit der Vereinbarkeit von Familie und Beruf hinbekommt, ist ebenfalls euer privates Problem.

Schon 2014 ließ das Familienministerium übrigens das Baseler Prognos-Institut alle familienpolitischen Leistungen auf ihre Wirksamkeit überprüfen – mit dem Ergebnis, das insbesondere das Ehegattensplitting als unwirksam und kontraproduktiv kritisiert wurde. Man mahnte an, die familienpolitischen Leistungen zu reduzieren und auf den Ausbau von Kinderbetreuungsangeboten zu setzen. Eine eigentlich fällige gesellschaftliche Debatte hat diese Studie nicht ausgelöst – auch weil sie von Seiten der Politik nicht öffentlichkeitswirksam diskutiert wurde. Ein Umdenken hat dennoch eingesetzt, wenn auch sehr langsam.

Was möchte man in der Familienpolitik erreichen? Viele gegensätzliche Dinge, so hat man das Gefühl. Betrachtet man den Dschungel an familienpolitischen Leistungen, zeigt sich die Ziellosigkeit der Maßnahmen der vergangenen Jahre. Zwischendrin gab es zudem immer wieder so etwas wie eine Rolle rückwärts, zum Beispiel das Irrlicht »Betreuungsgeld«, diese konservative »Herdprämie«, mit der man Frauen belohnen wollte, wenn sie ihre Kinder unter drei Jahren zu Hause betreuen. Ein familienpolitisches Instrument der damaligen CDU-Familienministerin Kristina Schröder, das 2015, nur zwei Jahre nach seiner Einführung, vom Bundesverfassungsgericht als verfassungswidrig einkassiert wurde. Zum Glück. Denn das Geld ist an anderer Stelle deutlich besser angelegt. Weil das Betreuungsgeld Frauen Anreize geben sollte, ihre Elternpause zu verlängern und so noch länger vom Arbeitsmarkt fernzubleiben, stand es im völligen Gegensatz zu dem erklärten familienpolitischen Ziel, Familie und Beruf besser vereinbaren zu können.

Der Familienpolitik fehlt ein übergeordnetes Ziel, wie es sich andere Länder setzen. So geht es in Frankreich um die Erhöhung der Geburtenrate, in Schweden um die Vereinbarkeit von Beruf und Familie und Chancengerechtigkeit, in Großbritannien hat man sich vorgenommen, die Kinderarmut zu bekämpfen. In Deutschland versucht man seit Jahren, es allen irgendwie recht zu machen: ein bisschen was für die berufstätigen Frauen, ein bisschen was für die Väter, die auch ein, zwei Monate Elternzeit haben möchten, ein bisschen für die Arbeitgeber, ein paar Naschis für die Kinder und ein bisschen mehr für die Alleinverdienerfamilien. Die Politik reagiert. Aber langsam und behäbig.

Die Welt hat sich weiterentwickelt, das Bild der Familie hat sich weiterentwickelt. Die Arbeitswelt, die digitale Welt, die Technik, das Klima, das, was unsere Kinder für ihre Zukunft an Rüstzeug benötigen: all das ändert sich. Familien sehen sich neuen Herausforderungen gegenüber, der Familienalltag hat sich verändert, das Zusammenleben ebenso. Doch noch immer verharrt die Geburtenrate auf einem relativ niedrigen Niveau, noch immer ist es in Sachen Vereinbarkeit von Familie und Beruf zu keinem großen Durchbruch gekommen. Viele Änderungsabsichten von Unternehmen bleiben Lippenbekenntnisse, schöne Marketingsprüche innerhalb der Corporate Identity. Notwendige und richtige politische Entscheidungen wie das Anrecht auf einen Krippenplatz werden konterkariert durch einen Mangel an Kita-Personal, über den zwar diskutiert, aber gegen den von staatlicher Seite scheinbar wenig unternommen wird. Der Motor Familienpolitik stottert – seit vielen Jahren.

Zeit für eine Neuausrichtung!

Wäre es bei der Vielfalt, die sich hinter dem Begriff »Familie« verbirgt, nicht sinnvoller, die Politik stattdessen konsequent auf die Kinder auszurichten? Kinder sind das zentrale Element der Familienpolitik. Daher wäre es die logische Konsequenz, sie ins Zentrum zu rücken. Es ist höchste Zeit, dass die Politik – und damit ist ausdrücklich nicht nur die Familienpolitik gemeint, sondern das politische Gefüge insgesamt – die veränderten Realitäten anerkennt. Familienpolitik braucht einen anderen Stellenwert, es ist Zeit, sie als das anzuerkennen, was sie wirklich ist: eine Investition in die Zukunft unserer Gesellschaft.

Wir brauchen eine Politik, die aus der Perspektive der Kinder heraus denkt, die alle Kinder ins Zentrum der politischen Entscheidungen rückt, sodass sie davon profitieren – unabhängig von ihrer Familienkonstellation. Wenn man in der Politik vom Kind aus denkt, dann erreicht man alle Kinder und über sie auch die Eltern und Familien. Eine solche Politik ist generationenübergreifend ausgerichtet und nicht nur auf die nächste Legislaturperiode. Ziel ist es, zukunftsorientiert zu denken und die Kosten nicht auf die nächste Generation abzuwälzen. Durch eine kindorientierte Politik ändert sich auch die Wahrnehmung in der Gesellschaft. Der »Wert« von Kindern, ihre Rolle im gesamtgesellschaftlichen Gefüge und ihr Wohlergehen rücken in den Fokus, die Sichtbarkeit von Familien wird erhöht. Kinder bekommen wieder mehr Raum.

Familienpolitik vom Kind aus zu denken, bedeutet zum Beispiel, den Kindern einen Rechtsanspruch auf Betreuung einzuräumen und nicht den Eltern. Und das ist nur der erste Schritt von vielen, die folgen müssen.

Eine Politik, die das Kind in den Mittelpunkt rückt, setzt jedoch voraus, dass die Rechte des Kindes ebenfalls in den Mittelpunkt rücken – und damit auch die Partizipation. Denn sie überprüft alle Entscheidungen darauf, welche Auswirkungen diese auf das Wohl der Kinder haben. Und sie bezieht die Kinder mit ein, gibt ihnen eine Stimme, ein Mitgestaltungsrecht. Doch noch immer sind Kinder in der Rechtsprechung vor allem Objekte und keine Subjekte.

Womit wir beim nächsten wichtigen Thema wären, das Einwirkung auf die Kinderfreundlichkeit einer Gesellschaft hat: die Kinderrechte. Denn nur, wenn sie gewahrt werden, wenn sie angewendet werden, kann unsere Gesellschaft auch wirklich kinderfreundlich werden. Sie sind der Schlüssel zu einer Gesellschaft, die anerkennt, dass die Zukunft nur gut wird, wenn es auch den Kindern gut geht.

5
Hört auf uns! Kindern eine Stimme geben

Wie wenig Kinder im Fokus von politischen Entscheidungen stehen, zeigte auf krasseste Art und Weise die Coronapandemie. Insbesondere im ersten Lockdown 2020 wurden Kinder schlicht vergessen. Als beschlossen wurde, die Schulen und Kindergärten zu schließen, war es, als ob ihre Belange nicht existierten, als ob sie gar nicht da wären. »Kinder zu haben ist Privatsache«, das hieß in diesem Fall: »Liebe Eltern, seht zu, wie ihr damit klarkommt.« »Damit« war in diesem Fall der monatelang andauernde Spagat zwischen Homeschooling, Kinderbetreuung und dem Arbeiten. Von einem Tag auf den anderen sollten Eltern gleichzeitig Lehrer, Erzieherin und fleißige Arbeitnehmer sein, dazu noch die Rolle der Freunde einnehmen, die die Kinder im Zuge des Social Distancing nicht treffen durften. »Wie, ihr habt nur einen Laptop im Haus und zwei Kinder, die damit ihre Hausaufgaben machen sollen? Seht zu, wie ihr damit klarkommt!« Das war die Botschaft. Und es hat ja noch nicht einmal jeder Haushalt einen Computer! Nicht wenige Schüler lösten ihre Hausaufgaben auf ihrem Smartphone oder ließen es gleich ganz sein. »Ach, ihr habt keinen Drucker, um das Arbeitsblatt auszudrucken? Seht zu, wie ihr damit allein klarkommt!« Wie gut die Kinder das mit dem Homeschooling schafften, hing in erheblichem Maß vom Elternhaus ab. Und vom Engagement der Lehrer. »Wie, ihr könnt keine Bruchrechnung erklären? Seht zu, wie ihr damit klarkommt!«

Wie kann man Eltern und Kinder einfach so alleinlassen mit alldem? Wie kann man die Interessen von Kindern, Jugendlichen und auch ihren Eltern so mit Füßen treten? Was diese Mehrfachbelastung bedeutet, was das mit Kindern, mit Familien macht – darüber wurde am Anfang der Pandemie nicht gesprochen. Man hat die Bedürfnisse der Kinder einfach vergessen, noch schlimmer, sie einfach ignoriert. Es wurde völlig ausgeblendet, dass Schulen und Kindergärten mehr als nur Lernorte sind, dass es nicht nur um reine Wissensvermittlung geht. Kinder brauchen andere Kinder, sie brauchen ein soziales Umfeld, ihre Freunde, ihre Routinen. Je älter sie werden, umso mehr brauchen sie auch Raum, sich zu entfalten, sich vom Elternhaus zu lösen, Erfahrungen ohne die Eltern zu machen, dabei zu wachsen. Der Mensch ist ein soziales Wesen. Für Kinder gilt das in besonderer Weise.

Der Diskurs über diese Dinge kam erst später auf. Als die Eltern laut wurden – zumindest die, die dafür noch Kraft hatten nach den aufreibenden Monaten –, setzte langsam ein Umdenken ein. Aber in der folgenden Zeit hatten Eltern immer wieder das Gefühl eines Déjà-vus, denn bei allen Lockerungen waren es auch dann die Kinder, an die man zuletzt dachte.

Es wurde immer wieder über Kinder geredet – aber es wurde nicht aus der Perspektive der Kinder gedacht, es wurde viel zu wenig mit Fokus auf ihre Rechte und Bedürfnisse entschieden. Eklatant zeigte sich diese Ignoranz, als die Erwachsenen im Herbst 2021 nach der Impfung (als die Kinder noch auf ihre Impfung warten mussten) wieder feiern gingen, sich die Normalität zurückholten, in Restaurants saßen oder reisten, während die Kinder immer noch keine Nachmittagsprogramme in den Schulen hatten und weiter auf Chorproben und Klassenfahrten verzichteten. Zwei Jahre lang hatten Kinder sich aus Rücksicht auf die ältere Generation eingeschränkt, ja, viele Familien schränkten sich sogar mehr ein als nötig, um andere zu schützen. Und als die geimpften Erwachsenen 2021 Weihnachtsfeiern in engen Räumen feierten, wurden Laternenumzüge und Adventsnachmittage in den Kindergärten weiter ohne die Eltern abgehalten oder schlimmer noch ganz abgesagt. Man muss sich das einmal vor Augen halten: Ein Laternenumzug von Kindergartenkindern an der frischen Luft (!) fand nicht statt aufgrund von Coronainfektionsgefahr, während die Erwachsenen ohne Abstand dicht an dicht in den Restaurants saßen.

Der Herbst 2021 zeigte die Benachteiligung von Kindern in aller Deutlichkeit: Schulkonzerte fielen aus, Sportturniere für Kinder wurden vertagt, während Fußballspiele und andere Profisportturniere schon längst wieder vor Zuschauern stattfanden. Geburtstagsfeiern im Kindergarten wurden abgeblasen und viele Eltern sagten auch gleich die privaten Kindergeburtstage ab, um die Kohorten nicht zu durchmischen. Meine Tochter ist vier und hat in ihrer Kindergartenzeit weder ein Laternenfest noch ein Adventsfest mit Elternbegleitung erlebt. Mein mittlerer Sohn hatte keinen »Vorschulkinderrausschmiss« in seinem letzten Kindergartenjahr. Es gab für ihn nicht einmal ein Abschlussfest. Wie wichtig diese nicht nachholbaren Ereignisse für Kinder sind, wurde völlig ausgeblendet.

Auf die Kinder Rücksicht zu nehmen, die Infektionszahlen niedrig zu halten, damit es im Winter nicht wieder zu Einschränkungen in den Schulen und Kindergärten kommt: Auf diese Idee kamen nur wenige. Man hatte die Kinder mal wieder vergessen.

Dabei sollte es doch eigentlich ganz einfach sein: Restaurantbesuche und Shoppingtrips lassen sich nachholen. Aber eine Abschlussfahrt der vierten Klasse lässt sich nicht nachholen. Eine Einschulungsfeier lässt sich nicht nachholen. Die Kindergartenzeit lässt sich nicht nachholen. Einen 18. Geburtstag kann man nur einmal feiern, den Abiball ebenso. Den Kindern und Jugendlichen entgingen Dinge, die eigentlich zum Leben dazugehören. Sie sind unwiederbringlich. Es wurde einfach als selbstverständlich vorausgesetzt, dass sie verzichten, und man hat ihnen dafür nicht einmal gedankt. Das ist das Gegenteil von kindorientierter Politik. Wie können 13,75 Millionen Menschen – so viele unter 18-Jährige leben in Deutschland – einfach vergessen werden? Wieso wurde erst so spät darüber diskutiert, was mit den Kindern und Jugendlichen in dieser Ausnahmesituation passiert, was dieses Gefühl, vergessen zu werden, in ihnen anrichtet?

Eine kindorientierte Politik hätte gefragt: Wie können unsere Kinder ein so normales Leben wie möglich führen und trotzdem sicher vor Ansteckungen sein? Die Antwort hätte heißen müssen: Wir Erwachsenen schränken uns ein, um die vulnerablen Gruppen zu schützen – und um unsere Kinder zu schützen und ihnen auch in der Pandemie ein kindgerechtes Aufwachsen zu ermöglichen. Es wurden Milliarden in die Rettung von Unternehmen gesteckt, aber nichts in die Schulen und Kindergärten investiert, um diese infektionssicher zu machen. Das Prinzip »Kinder zu haben ist Privatsache« zeigte sich hier so deutlich wie selten zuvor sowie die Unbarmherzigkeit, in der Erwachsene einfach für Kinder entscheiden, über ihre Köpfe hinweg. Niemand fragte die Kinder und Jugendliche, was sie sich für einen infektionssicheren Unterricht wünschen.

»Ich weiß, was gut für dich ist!« – Die Überlegenheit der Erwachsenen

»Ganz gewiss sollen Kinder Achtung vor ihren Eltern haben, aber ganz gewiss sollen auch Eltern Achtung vor ihren Kindern haben, und niemals dürfen sie ihre natürliche Überlegenheit missbrauchen«, mahnte die großartige Astrid Lindgren in ihrer Rede, als man ihr 1978 den Friedenspreis des Deutschen Buchhandels verlieh. Ihre Worte waren damals ein Affront. Zu einer Zeit, als in Deutschland körperliche Züchtigung in der Schule noch erlaubt war, gingen sie dem Deutschen Börsenverein des Buchhandels zu weit, man überlegte sogar, Astrid Lindgren wegen dieser Rede wieder auszuladen. Erst seit 2000 haben Kinder in Deutschland das Recht auf eine Erziehung ohne Schläge. Das ist nun 22 Jahre her. Ich war damals zwanzig Jahre alt. Im Jahr 2001 gaben in einer vom Familienministerium beauftragten Studie der Martin-Luther-Universität Halle-Wittenberg sechzig Prozent der Eltern laut Bundesfamilienministerium an, ihren Kindern »ab und zu« eine Ohrfeige zu verpassen.[1] Sechzig Prozent! Das ist mehr als die Hälfte aller Eltern. In Schweden, der Heimat Astrid Lindgrens, wurde übrigens schon 1979 (zur Erinnerung: 31 Jahre früher als in Deutschland) das Recht der Kinder auf eine gewaltfreie Erziehung im Gesetz verankert und in den Neunzigerjahren sprachen sich neunzig Prozent der Eltern in schwedischen Umfragen für eine gewaltfreie Erziehung aus. Auch andere Länder in Europa verankerten das Recht auf gewaltfreie Erziehung wesentlich früher als Deutschland in ihrer Gesetzgebung, so etwa Norwegen im Jahr 1987 und Finnland im Jahr 1993.

Seit dem Jahr 2000 steht also im Bürgerlichen Gesetzbuch, §1631, Absatz 2: »Kinder haben ein Recht auf gewaltfreie Erziehung. Körperliche Bestrafung, seelische Verletzungen und andere entwürdigenden Maßnahmen sind unzulässig.« Das macht deutlich, dass Machtmissbrauch nicht immer körperlicher Natur ist. An dieser Stelle möchte ich noch einmal Astrid Lindgren zitieren, die im Jugendbuchmagazin 1979 Folgendes schrieb: »Man kann in Kinder nichts hineinprügeln, aber man kann vieles aus ihnen herausstreicheln.« Die Welt mit den Augen der Kinder zu betrachten, mit ihnen auf Augenhöhe zu kommunizieren, das war ihr Credo.

Und das ist es, was auch heute noch fehlt. Die Augenhöhe. In unserer Gesellschaft wird viel für die Kinder entschieden, aber nicht mit ihnen. Und schon gar nicht wird aus ihrer Perspektive gedacht. Erwachsene entscheiden so, wie sie es für die Kinder für richtig halten. Sie bauen Spielplätze, von denen sie denken, dass sie den Kindern so Spaß machen werden. Erwachsene gestalten Lehrpläne für die Schulen, weil sie der Auffassung sind, dass Kinder genau diese Dinge lernen müssen und später im Leben benötigen werden. Erwachsene bestellen die Kinderbücher für die Bibliothek, weil sie denken, dass diese Titel den Kindern gefallen werden oder pädagogisch wertvoll sind. Erwachsene entscheiden, wann Kinder ins Bett zu gehen, wie viel sie zu essen haben und welches Spielzeug für den Kindergarten angeschafft wird. Sie tun das in der Überzeugung, dass sie wissen, was für die Kinder gut ist, dass sie das Richtige tun, ja, oft auch mit dem Gedanken, den Kindern so etwas Gutes zu tun.

»Wir wollen ja nur euer Bestes, es ist nur zu eurem Wohl« – hinter diesen Gedanken steckt meist keine böse Absicht. Aber die Entscheidungen für oder im Namen der Kinder werden auch aus einer Überlegenheit heraus getroffen. Denn damit stellen sich Erwachsene über die Kinder, sprechen ihnen ab, sie selbst treffen zu können, sich zumindest einzubringen. Erwachsene missbrauchen ihre Überlegenheit – oft, ohne es zu merken.

»Ich mach das für dich« – Altersdiskriminierung betrifft nicht nur Senioren

In Debatten um Generationengerechtigkeit fällt immer wieder das Wort »Altersdiskriminierung«. Oft wird dieser Begriff im Zusammenhang mit der Generation Ü60 gebraucht, dabei gibt es das genauso gegenüber Kindern und Jugendlichen. Denn auch sie werden wegen ihres Alters diskriminiert. Es ist übrigens meist die erste Form von Diskriminierung, mit der Menschen Erfahrungen machen. Adultismus nennt man es, wenn Erwachsene ihre Macht, die sie über Kinder haben, missbrauchen. Das fängt dabei an, dass sie sie und ihre Ideen und Meinungen beispielsweise im Alltag nicht ernst nehmen.

Viele dieser Diskriminierungen sind uns als Erwachsene und Eltern gar nicht bewusst. Da spielen die Kinder gerade so schön und friedlich im Kinderzimmer und werden von uns einfach so unterbrochen, weil sie noch ans Aufräumen denken sollen. Kinder beim Spielen zu unterbrechen, machen wir als Eltern mehrmals stündlich. Jede, jeder von uns kennt das. Aber wenn man genauer darüber nachdenkt, impliziert diese Unterbrechung: »Euer Spielen ist weniger wert als unser erwachsenes Verhalten.« Wieso lassen wir uns nur ungern beim Scrollen durch den Instagramfeed unterbrechen, tun das aber ohne Nachzudenken bei unseren Kindern, wenn sie mit Lego bauen? Das ist natürlich keine böse gemeinte Verhaltensweise, aber es ist für uns zu einer Selbstverständlichkeit geworden. Wir sind uns gar nicht darüber bewusst, dass es auch ein Ausdruck des Verständnisses ist: Erwachsene sind Kindern überlegen. Natürlich gibt es oft genug Gründe für diese Unterbrechungen beim Spielen, um bei dem Beispiel zu bleiben, aber ein »entschuldige, ich weiß, du spielst gerade so schön, aber wir essen in fünf Minuten« bezieht die Kinder auf einer ganz anderen Ebene mit ein. Es fängt bei diesen kleinen Dingen an und hört dort noch lange nicht auf.

Kinder einfach zu korrigieren, ihnen Entscheidungen abzunehmen oder in ihr Spiel oder Malen oder Bauen einzugreifen, ohne vorher zu fragen, auch das ist Adultismus. »Wieso glauben die Erwachsenen eigentlich immer, uns sagen zu müssen, wie wir uns nach einem Streit wieder vertragen?«, beschwerte sich einer meiner Söhne bei mir – und ja, er hatte recht. Sind die Kinder nicht selbst die Experten für das Lösen ihrer eigenen Konflikte? Und vor allem: Wie sollen sie das eigenständige Lösen von Problemen denn lernen, wenn wir Großen immer meinen, regelnd eingreifen zu müssen? Auch dieses vermeintlich gut gemeinte Belehren ist eine Form von Adultismus.

Aber es gibt noch schlimmere Formen davon, zum Beispiel, sich über die Kinder lustig zu machen oder auf ihre Kosten Witze zu reißen ebenso wie das Beschämen des Kindes, wenn man es in der Öffentlichkeit laut zurechtweist. Und laut lachend auf dem Spielplatz vor allen anderen über das Pipi-Malheur des Vorschulkindes zu sprechen, auch das ist Adultismus. Institutionell wird diese Form der Diskriminierung, wenn Lehrer Schüler bewerten, aber Schüler ihren Lehrern keine Rückmeldung geben dürfen. Oder wenn im Bauamt beschlossen wird, dass der neue Spielplatz keine Rutsche braucht.

Natürlich heißt das nicht, dass Kinder immer alles bestimmen sollten. Es gibt ja zum Beispiel gute Gründe, weshalb Kinder Gemüse essen sollen, selbst wenn es ihnen so gar nicht schmeckt. Und es gibt ebenso gute Gründe, weshalb sie nicht allein über den Lehrplan und die Prüfungsaufgaben im Abitur entscheiden sollten. Aber – und das ist der entscheidende Punkt: Sie haben ihre Menschenwürde und ein eigenes Recht auf Entfaltung, das stellte bereits 1968 das Bundesverfassungsgericht klar. Kinder und Jugendliche sind in ihrer Umwelt, in ihrer Peergroup und den Dingen, die sie betreffen, Experten, die viel zu oft nicht gehört werden. Es geht nicht darum, sie allein entscheiden zu lassen. Es geht darum, sie zu hören, ihnen zuzugestehen, eine Meinung zu haben und diese Meinung auch mit einzubeziehen.

Natürlich wissen der Herr oder die Dame vom Bauamt besser als Kinder, wie steil eine Rutsche sein darf, damit sich auch Dreijährige nicht verletzen. Und wie viel Gewicht das Klettergerüst aushalten muss, damit vier Kinder gleichzeitig hinaufklettern dürfen. Oder aus welchem Material der Boden unter diesem Klettergerüst sein muss, damit sie sich nicht die Beine brechen. Aber Kinder wissen, wann eine Rutsche besonders im Bauch kribbelt. Sie wissen, wie hoch die Abstände der Trittstufen auf dem Klettergerüst sein können, damit sie bequem hinaufkommen, es aber trotzdem noch eine Herausforderung bleibt. Kinder wissen genau, was auf einen Spielplatz gehört, damit sie richtig viel Spaß haben. Oft sind das ganz einfache und viel günstigere Dinge, als die Herren und Damen vom Bauamt sich so vorstellen: eine Wasserpumpe, ein Wasserlauf, ein paar Baumstämme, ein kleiner Hügel zum Hoch- und Runterlaufen und Büsche zum Verstecken. Immer wieder zeigen Umfragen oder Projekte, in denen Kinder mitgestalten dürfen, dass nicht der Preis eines Spielgerätes entscheidet, wie viel Spaß man damit haben kann.

Erwachsene meinen oft, sie wüssten, was das Beste für die Kinder ist. Sie machen sie damit zu Objekten. Woher kommt diese adultistische Grundhaltung? Sie resultiert auch daraus, dass in Deutschland die Kinderrechte immer noch nicht in der Verfassung verankert sind. Sie werden im Recht, vor allem im Steuer- und Sozialrecht wie »Anhängsel« ihrer Eltern behandelt. Ob und welche Art von Unterstützung sie erhalten, hängt vom Status ihrer Eltern ab.[2] Genau das muss sich ändern: Kinder sind eigenständige Personen, sie sind keine bloßen »Anhängsel«, aber eben auch keine kleinen Erwachsenen. Sie haben eigene Bedürfnisse, die sich mit dem Größerwerden verändern, und eigene Rechte.

Diese gilt es gesetzlich zu verankern, um den Kindern und ihren Bedürfnissen den Raum in der Gesellschaft und in der Rechtsprechung zu geben, den sie benötigen.

»Regelungsgegenstände« – Kinderrechte im Grundgesetz

2008 erklärte das Bundesverfassungsgericht noch einmal sehr deutlich: »Ein Kind ist nicht Gegenstand elterlicher Rechtsausübung, sondern Rechtssubjekt und Grundrechtsträger. Eltern sind verpflichtet, ihr Handeln am Wohl des Kindes auszurichten.«[3] Doch im Grundgesetz sind Kinderrechte bisher nicht verankert. Dabei wurde bereits 1989 die UN-Kinderrechtskonvention unterschrieben. Sie gilt in fast allen Staaten auf der Welt. Deutschland hat sie 1992 ratifiziert. Die vier Grundprinzipien der Kinderrechtskonvention sind das Recht auf Nichtdiskriminierung, das Recht auf Leben, Überleben und Entwicklung, die Einhaltung der Kindesinteressen und das Recht auf Partizipation. Zehn Grundrechte sind hier festgehalten:

- Das Recht auf Gleichbehandlung und Schutz vor Diskriminierung
- Das Recht auf einen Namen und eine Staatszugehörigkeit
- Das Recht auf Gesundheit
- Das Recht auf Bildung und Ausbildung
- Das Recht auf Freizeit, Spiel und Erholung
- Das Recht, sich zu informieren, sich mitzuteilen und zu versammeln
- Das Recht auf Privatsphäre und gewaltfreie Erziehung
- Das Recht auf Hilfe in Katastrophen und Notlagen
- Das Recht auf Familie und sicheres Zuhause
- Das Recht auf Betreuung bei Behinderung

Im Gegensatz zu anderen Ländern sind in Deutschland derartige völkerrechtliche Verträge jedoch nicht automatisch Teil der Verfassung. Diese Konvention hat also laut Grundgesetz den Rang eines einfachen Bundesgesetzes und steht damit unterhalb der Verfassung. Seit vielen Jahren wird deshalb in Deutschland darauf gedrängt, die Kinderrechte in das Grundgesetz mit aufzunehmen. Auch die Mehrheit der Bevölkerung ist der Meinung, dass dies geschehen sollte. Laut einer Umfrage des Forschungsinstituts Forsa anlässlich des Weltkindertages 2020 sprachen sich 71 Prozent der Befragten dafür aus, die Interessen von Kindern bei politischen Entscheidungen stärker als bisher zu berücksichtigen.

Bisher werden Kinder nur im Artikel 6 des Grundgesetzes erwähnt – als »Regelungsgegenstand«, also als Objekte. Und das ist wichtig für die Forderung, dass Kinderrechte in die Verfassung aufgenommen werden müssen: Es geht darum, dass Kinder in der Rechtsprechung zum Subjekt werden. Das bedeutet ein komplettes Umdenken, sowohl in der Politik als auch im Recht und damit auch in der Gesellschaft. Denn dass Kinder noch immer als Objekte, als »Regelungsgegenstände« wahrgenommen werden, zeigt sich nicht nur im Recht, sondern in vielen kleinen Alltagssituationen, wenn Eltern spüren, dass sie unwillkommen sind mit Kindern. Im Artikel sechs des Grundgesetzes steht: »Pflege und Erziehung der Kinder sind das natürliche Recht der Eltern und zuvörderst ihnen obliegende Pflicht.« Weiterhin wird in diesem Artikel auch die Ehe noch vor der Familie unter besonderen Schutz des Staates gestellt.

Was das bedeutet, zeigte sich in der Praxis darin, dass Kinder noch bis 1970 automatisch die Vormundschaft des Jugendamtes bekamen, wenn die Mutter nicht verheiratet war. Nach dem Zweiten Weltkrieg wurden diesen Frauen bis in die Sechzigerjahre hinein die Kinder weggenommen, in Heime gegeben oder zur Adoption freigegeben. Erst durch das Nichtehelichengesetz, das der Bundestag 1969 verabschiedete, wurde der Begriff »unehelich« durch »nichtehelich« ersetzt und unverheirateten Müttern und Vätern mehr Rechte verliehen. Diese Gesetzesänderung erfolgte auf Druck des Bundesverfassungsgerichts, das die Große Koalition dazu aufforderte, bis Ende 1969 gleiche Entwicklungschancen für alle Kinder zu schaffen. Mit der Reform erhielten Väter, die nicht mit der Kindsmutter verheiratet waren, auch überhaupt erst das Umgangsrecht mit ihren Kindern. Endgültig gleichgestellt wurden Kinder, die in einer Ehegemeinschaft aufwachsen, und Kinder von nicht verheirateten Eltern erst 1998 (!) mit der Reform des Kindschaftsrechts.

An dem Punkt, dass die Ehe im Grundgesetz immer noch unter besonderen Schutz gestellt ist, zeigt sich, dass es weiterhin ein Ungleichgewicht gibt. Um das zu beseitigen, ist es unter anderem so wichtig, dass die Kinderrechte im Grundgesetz Platz finden.

Was eine Verankerung von Kinderrechten in der Verfassung verändern würde

Es geht vor allem darum, gesetzlich zu verankern, dass das Kindeswohl vorrangig zu berücksichtigen ist. In der bereits genannten UN-Konvention steht in Artikel 3: »Bei allen Maßnahmen, die Kinder betreffen, gleichviel ob sie von öffentlichen oder privaten Einrichtungen der sozialen Fürsorge, Gerichten, Verwaltungsbehörden oder Gesetzgebungsorganen getroffen werden, ist das Wohl des Kindes ein Gesichtspunkt, der vorrangig zu berücksichtigen ist.« An diesem Wort »vorrangig« scheiden sich in Deutschland die Geister und daher hat es die Kinderrechtskonvention bisher auch noch nicht in das Grundgesetz geschafft. Kurz vor Ende der letzten Legislaturperiode wollte die Große Koalition das 2021 nachholen. Allerdings lautete die vorgeschlagene Formulierung: »Das Wohl des Kindes ist angemessen zu berücksichtigen.« Der Gesetzesentwurf bekam nicht die notwendige Zweidrittelmehrheit im Bundestag und im Bundesrat, denn die wird für eine Verfassungsänderung benötigt. Die Union hatte Sorge, der Staat könne zu sehr in die Elternrechte eingreifen, Kinderrechtsverbänden und Teilen der Opposition ging dagegen der Vorschlag nicht weit genug. »Der Vorschlag der letzten Bundesregierung hätte nicht ausreichend viel geändert«, sagt auch Jörg Maywald, Professor für Kinderrechte und Kinderschutz an der FH Potsdam und Sprecher der National Coalition Deutschland – Netzwerk zur Umsetzung der UN-Kinderrechtskonvention im Interview für dieses Buch. Auch die Grünen und zahlreiche Kinderrechtsverbände kritisierten die Formulierung. Maywald meint, es ginge darum, starke subjektive Rechte von Kindern zu verankern. Zuversichtlich stimmt ihn das Vorhaben der Ampelkoalition, Kinderrechte im Grundgesetz an den Vorgaben der UN-Kinderrechtskonvention zu orientieren. »Das Kindeswohl sollte mit Vorrang berücksichtigt werden müssen« – mit dieser Formulierung könnte es auch verfassungsrechtlich geschützt werden.

Das bedeute freilich nicht, dass das Kindeswohl immer Vorrang habe, betont Jörg Maywald: »Das Kindeswohl muss dadurch jedoch in jede Entscheidung einbezogen und geprüft werden.« Steht zum Beispiel im Gemeinderat eine Entscheidung an, ob ein Pflegeheim oder ein Kindergarten auf einem Grundstück gebaut werden soll, muss nicht automatisch der Kindergarten gebaut werden. Wohl aber müssen die Kommunalpolitiker bei ihrer Entscheidung das Kindeswohl berücksichtigen und dürfen es nicht aus der Diskussion ausblenden.

Bisher müssen Politiker das nicht tun. Was das wirklich bedeutet, zeigt sich zum Beispiel, wenn es um Umweltpolitik geht – ein Bereich, der die Zukunft unserer Kinder massiv beeinflusst. Doch bisher haben ihre Interessen hier keinen Vorrang. Ein anderes

Beispiel ist die bereits erwähnte Rentenpolitik: Auch hier geht es um Entscheidungen, bei denen nicht nur an die jetzige Rentnergeneration gedacht werden darf. Wie in der Klimapolitik sind es unsere Kinder, die einmal mit den Folgen unserer Versäumnisse werden leben müssen.

Da stellt sich unweigerlich die Frage: Warum wird gerade in diesen Bereichen nicht konsequent aus der Sicht der Kinder gedacht? Weil man vor der Zukunft die Augen verschließt? Weil Politiker immer nur ihre Wiederwahl im Blick haben? Oder weil unsere Kinder schlicht vergessen werden? Klar ist jedenfalls: Das Kindeswohl muss bereichsübergreifend in Entscheidungen einbezogen werden und nicht nur wie bisher in Einzelbereichen wie dem Familienrecht.

Rechtewandel bedeutet Bewusstseinswandel

Ein Streitpunkt bei dem Versuch, die Kinderrechte ins Grundgesetz aufzunehmen, war die Frage, an welcher Stelle sie dort untergebracht werden sollen. Die Koalition von CDU und SPD wollte sie bei den Elternrechten ansiedeln. Besser wäre es, sie als eigenen Punkt mit aufzunehmen, sagt Jörg Maywald im Interview: »Die Kinderrechte sollen ja nicht gegen die Elternrechte ausgespielt werden, sondern vor allem als eigene Rechte gegenüber dem Staat wahrgenommen werden.« Die Elternverantwortung solle wie bisher vor der Staatsverantwortung liegen. Der Staat solle schließlich weder die Erziehung übernehmen noch vorschnell in Elternrechte eingreifen, sondern Kinder sollten ihre Rechte gegenüber dem Staat geltend machen können. Die Elternrechte spielen in Deutschland auch vor dem historischen Hintergrund verfassungsrechtlich eine große Rolle, denn es soll nach der Erfahrung mit dem Nationalsozialismus unbedingt vermieden werden, dass der Staat in die Erziehung der Kinder eingreift. Die UN-Kinderrechtskonvention äußert sich jedoch auch hierzu deutlich: »Für die Erziehung und Entwicklung des Kindes sind in erster Linie die Eltern oder gegebenenfalls der Vormund verantwortlich. Dabei ist das Wohl des Kindes ihr Grundanliegen.« Dieser Absatz zeigt, dass es nicht um ein Ausspielen von Eltern- gegen Kinderrechte geht, sondern darum, dass beide als gleichwertig betrachtet werden, die Kinder sich also nicht den Eltern unterordnen.

Nun ist es nicht so, dass Politiker und Politikerinnen überhaupt nicht an Kinder denken. Natürlich werden in Deutschland Kinderrechte berücksichtigt, die Verantwortlichen entscheiden nicht völlig an den Bedürfnissen der Kinder vorbei. Aber weil die Kinderrechte nicht im Grundgesetz stehen, haben sie keinen Verfassungsrang. Sollten sie ins Grundgesetzt aufgenommen werden, erwartet Professor Jörg Maywald einen deutlichen Wandel auf allen Ebenen: »Das Grundgesetz ist nicht nur ein Rechtsinstrument, sondern auch für das Bewusstsein der Menschen wichtig.«

Wie wichtig ein solcher Bewusstseinswandel ist, hat zuletzt die Coronakrise gezeigt. Maywald ist sich sicher: »In der Pandemie hätte die Verankerung der Kinderrechte im Grundgesetz eine ganz andere Diskussion bewirkt.« Zum Beispiel hätte die Politik bei ihren Entscheidungen die Kinder und ihr Recht auf Bildung und Förderung nicht derart lange Zeit einfach ignorieren können. Ganz abgesehen von dem Recht auf Partizipation, das Kindern und Jugendlichen fast gänzlich abgesprochen wurde. Als es um Schulschließungen ging im ersten Lockdown, wurde keine Schülervertretung angehört. Und als die Schule wieder öffnete, der Unterricht in Präsenz begann, wurden die Schülerinnen und Schüler nicht gefragt, was sie für eine sichere Schule benötigen, wie sie sich eine sichere Lernumgebung vorstellen.

Die Frage ist, warum sie nicht von Politikern als Expertinnen und Experten eingeladen wurden, als es darum ging, wie Schulen zu infektionssicheren Orten werden können? Warum sie nicht befragt wurden, welche Art von Aufarbeitung sie nach dem ersten Lockdown brauchen? Warum keine Lehrpläne entrümpelt wurden, um Kindern und Jugendlichen mehr Zeit für die Aufarbeitung zu geben, mehr Zeit, sie zu Wort kommen zu lassen, ihnen zuzuhören? Es wurde – wieder einmal – von oben herab gehandelt, Adultismus par excellence: »Wir wissen, was für euch gut ist«, verbunden mit einem tröstenden Schultertätscheln. »Und nun, huschhusch, an die Arbeit, Lernstandskontrollen, Stoff aufholen!«

Es wiederholte sich, nach jedem Lockdown. Und als die Schüler dann im Winter 2021 laut wurden, weil die Omikronvariante des Virus durch die Schulen (und auch Kindergärten) rauschte, weil sie ihre Angst und ihr Gefühl des Ausgeliefertseins, ihre Bedenken, vor dem Virus geschützt zu sein, öffentlich machten, gab es wieder nur Schultertätscheln. Aber ernst genommen, das wurden sie auch diesmal nicht. »Wir wissen, was gut für euch ist«, wurde ihnen wieder einmal suggeriert.

Kinder und Jugendliche sind die Experten für ihre Bedürfnisse, für ihre Umwelt. Warum hören wir sie so selten an? Wieso lassen wir sie oftmals nicht einmal zu Wort kommen?

Es ist Zeit für einen Bewusstseinswandel bei den Erwachsenen. Die UN-Kinderrechtskonvention schreibt ausdrücklich das Recht auf Partizipation, auf Beteiligung fest. In Artikel 12 steht: »Die Vertragsstaaten sichern dem Kind, das fähig ist, sich eine eigene Meinung zu bilden, das Recht zu, diese Meinung in allen das Kind berührenden Angelegenheiten frei zu äußern und berücksichtigen die Meinung des Kindes angemessen und entsprechend seinem Alter und seiner Reife.«

Wenn dieses Recht in der Verfassung verankert wird, dann kommt man an der Beteiligung der Kinder und Jugendlichen nicht mehr vorbei. Dann müssen sie gehört werden. Aber es geht um mehr als das bloße Anhören: Sie müssen einbezogen werden, sie müssen ein Recht auf Mitbestimmung erhalten. Wir brauchen mehr als Alibi-Partizipation, bei der den Kindern scheinbar großzügig die Farbgestaltung der Wand im Klassenzimmer überlassen wird. Partizipation ist kein Luxus, den man sich symbolisch erlaubt, wenn mal Platz und Zeit dafür ist. Partizipation bedeutet auch nicht, Erwachsensein zu »spielen«, sondern ist elementarer Bestandteil einer Demokratie. Und es gibt keinen Grund, weshalb man einen Teil der Bevölkerung von diesem Grundrecht ausschließen sollte.

Nicht nur dabei, sondern mittendrin – Das Recht auf Partizipation

Partizipation möglich zu machen, beginnt im Alltag. Jeder von uns kann damit anfangen, indem wir Kinder und ihre Bedenken, ihre Gefühle, ihre Bedürfnisse ernst nehmen, ihnen unvoreingenommen auf Augenhöhe begegnen. Wir können sie zum Beispiel um ihre Meinung fragen und vor allem diese Meinung dann auch anhören, ihnen zeigen: »Du bist wichtig, deine Meinung ist wichtig, ich höre dir zu.« Das Ablegen des Adultismus ist der erste Schritt. Nur weil wir Erwachsenen älter sind, wissen wir nicht alles besser. Erwachsene sehen oft nur die Defizite bei Kindern, das, was sie (noch) nicht können, anstatt ihre Möglichkeiten wahrzunehmen, das, was sie einbringen. Und das ist eine Menge: Unvoreingenommenheit etwa, Spontaneität oder auch die Fähigkeit, in anderen, nicht vorgefertigten Bahnen zu denken. Kinder sehen Möglichkeiten, anstatt zuerst auf das zu schauen, was nicht geht. Ihre offene Herangehensweise ist etwas, das bereichert und der Erwachsene ebenso offen begegnen sollten.

Wenn wir Kindern wirklich zuhören, dann nehmen wir sie als

Subjekt wahr, als eigenständige Persönlichkeit mit eigenen Rechten. Kindern auf Augenhöhe zu begegnen und sie miteinzubeziehen heißt im Umkehrschluss aber nicht, dass sie ihre Meinung und ihre Wünsche immer durchsetzen. Denn auch das bedeutet Demokratie: ein Abwägen verschiedener Meinungen – und am Ende das Finden eines Kompromisses. Dass es freilich kein Kompromiss ist, wenn die Meinung einer Partei, eines Beteiligten gar nicht eingeholt wird, liegt auf der Hand.

Kinder im Alltag miteinzubeziehen, bedeutet demnach, mit ihnen in einen Dialog zu treten. Der beginnt in der Familie, zum Beispiel damit, dass alle gemeinsam beschließen, wohin der Wochenendausflug gehen soll. Was nicht meint, dass allein die Kinder das bestimmen. Man kann nicht jedes Wochenende in den Freizeitpark fahren und es kann auch nicht einen ganzen Sonntag lang am Computer gezockt werden. Genauso wenig kann es jeden Tag Pizza und Schokopudding zum Nachtisch geben, nur weil es das Leibgericht des Nachwuchses ist. Aber was spricht gegen einen Familienrat, in dem der Essensplan und die Wochenendplanung besprochen werden und in dem die Urlaubsplanung auf den Tisch kommt? In Kommunalparlamenten, Landtagen und dem Bundestag hat jede Partei das Rederecht, das ist Teil der demokratischen Debatte. Und sie beginnt eben in der Familie.

Dann setzt sie sich fort in den Lebensbereichen der Kinder: Morgenkreis im Kindergarten, Klassenrat, Schülerinnenvertretungen, Jugendparlamente – all das sind Formate, in denen die Wünsche, Sorgen und Anregungen der Kinder gehört werden sollten. In unserem Kindergarten können die einzelnen Gruppen einmal im Monat ein Lieblingsessen auswählen. Das ist dann übrigens nicht immer Pizza oder Pommes, sondern auch schon mal Hühnerfrikassee mit Erbsen oder Senfeier. Partizipation bedeutet konkret: Kinder konsequent in alle Entscheidungen, die sie betreffen, mit einzubeziehen.

Wie kann es daher sein, dass ein Schulhof umgestaltet wird, ohne dass die Schüler gefragt werden, was sie sich wünschen, wie es in der Grundschule meiner Kinder passierte? Wer nutzt diesen Schulhof? Wer soll einmal darauf spielen, sich vom Unterricht erholen? Wer weiß am besten, ob es mehr Bänke, mehr ruhige Ecken, mehr Grün oder mehr Klettergerüste braucht? Dasselbe gilt für Klassenzimmer: Sind es nicht die Kinder, die am besten wissen, ob sie ein Sofa brauchen, ob sie sich eine ruhige Ecke für Stillarbeiten wünschen oder ihre Bilder aus dem Kunstunterricht an den Wänden hängen sollen? Schauen wir einmal außerhalb von Schule und Kindergarten genauer hin: Sind es nicht die Jugendlichen, die eine Ahnung haben, was in einem Skaterpark nicht fehlen darf? Sind es nicht die Kinder, die am besten wissen, was auf einen Spielplatz gehört, welche Art von Spielgeräten ihnen Spaß machen? Und weshalb gibt es in keinem der Schulgesetze der Länder einen Passus, in dem mögliche disziplinarische Möglichkeiten konkretisiert werden für den Fall, dass Lehrkräfte sich gegenüber Schülern übergriffig, verletzend oder respektlos verhalten? In keinem Landesschulgesetz findet sich ein »Schutzauftrag zugunsten des Kindeswohls«.[4]

Doch Kinder sind in noch vielen weiteren Bereichen außer in Schule, Jugendzentren oder Kindergärten betroffen. Auch der Bau von neuen Wohnvierteln oder die Planung von Spielstraßen betrifft unmittelbar ihr Leben. Die sichere Gestaltung von Schulwegen fällt darunter genauso wie die Taktung des öffentlichen Nahverkehrs. Zudem kaufen auch Kinder und Jugendliche in einem Einkaufszentrum oder in der Fußgängerzone ein – warum werden sie nicht genauso im Bauausschuss gehört wie die Erwachsenen? Kinder und Jugendliche benutzen ein öffentliches Schwimmbad – wieso wird bei der Neuplanung nicht gefragt, was ihnen am alten Schwimmbad gefehlt hat? Denn es ist nicht immer nur die lustige Wasserrutsche, die sie vermissen. Wer Kindern zuhört, wird gerade bei solchen Fragen feststellen, dass sie über diese Dinge hinausschauen. Sie stellen zum Beispiel fest, dass ihnen die Ablagefächer für Schuhe zu klein sind, dass der Fön nicht niedrig genug angebracht ist oder sie nicht an den Haken für die Handtücher heranreichen.

Es gibt jedoch auch kein Patentrezept für die Partizipation aller Altersgruppen. Je nach Alter müssen unterschiedliche Beteiligungsmodelle gewählt, die Kinder unterschiedlich angesprochen werden. Es gibt eben nicht *die* eine Beteiligungsform, die jedes Mal nach Schema F verwendet werden kann. Ja, es ist aufwendig, ja es ist mitunter auch anstrengend, immer wieder neue Formen zu überlegen, wie man die Kinder und Jugendlichen in die Entscheidungsprozesse einbeziehen kann. Ja, das erfordert von Politik, Verwaltung, Schule, Kindergarten und Eltern ein Nachdenken, manchmal auch ein Umdenken – aber der Mehraufwand lohnt sich. Und: Unsere Kinder und Jugendlichen haben es verdient, dass wir Erwachsenen diesen Mehraufwand in Kauf nehmen, dass wir uns mit ihren Wünschen, Bedürfnissen und Einwänden ernsthaft beschäftigen.

»Bitte nicht berühren« – Museen: Ein Beispiel für Partizipation

Museen sind Orte des Lernens. Und wenn man sie so gestaltet, dass sie Kinder und Jugendliche neugierig machen, statt sie abzuschrecken, wird die Ankündigung, ins Museum zu gehen, bei ihnen auch keinen Stöhnanfall mehr auslösen. Es wäre so einfach, die Heranwachsenden bei der Gestaltung von Ausstellungen, der Konzeption von Audioguides oder Führungen einzubeziehen. In vielen Museen hat man geradezu das Gefühl, als seien junge Menschen hier nicht willkommen.

Dabei gibt es so viel zu sehen, zu entdecken, kann man über so vieles staunen. Hier können Kinder etwas lernen und von klein auf an Kultur herangeführt werden. Eigentlich ein wunderbarer Ort für einen Familienausflug. Aber allzu oft sind die Ausstellungen am Bedarf der Kinder vorbeikonzipiert. Von den teilweise hohen Eintrittspreisen ganz zu schweigen. In Frankreich beispielsweise haben Kinder bis 16 Jahre freien Eintritt in Museen. Wieso nicht auch in Deutschland? Dann wäre ein Museumsbesuch kein teures Privileg für besser gestellte Familien. Wenn es wenigstens Familienkarten zu angemessenen Preisen gäbe! Aber selbst das ist nicht überall der Fall. Und wenn es sie gibt, gelten sie oft nur für ein sehr traditionelles, enges Familienbild, wie ich selbst schon erleben durfte: »Familienkarte? Gilt bei uns nur für zwei Erwachsene und zwei Kinder. Aber Sie sind ein Erwachsener und drei Kinder, da kann ich nichts machen.« Deutschland im Jahr 2021. Manchmal kann man nicht viel mehr tun, als den Kopf zu schütteln.

Kinder müssen meist ab sechs Jahren Eintritt zahlen, oft die Hälfte des Erwachsenenpreises. Sechs Euro pro Erwachsenem, drei Euro für Kinder nehmen kleinere städtische Museen in mittelgroßen Städten gerne. Macht für vier Personen dann achtzehn Euro. Und das ist noch günstig. Denn einige große, bekannte Museen wie das Pergamonmuseum in Berlin nehmen zwölf Euro pro Person, ermäßigt sechs Euro. Im Deutschen Museum in München zahlen Erwachsene 14 Euro, Kinder und Jugendliche ab sechs Jahren 4,50 Euro, eine Familienkarte gibt es für 29 Euro. Noch teurer wird es im Technik Museum Speyer, wo Erwachsene 19 Euro zahlen und Kinder ab fünf Jahren 15 Euro.

Kultur hat ihren Preis. Kultur sollte auch ihren Preis haben. Kultur sollte es uns wert sein. Aber: Sollte es nicht vielmehr dem Staat wert sein, die Kultur so zu fördern, dass auch Menschen mit geringerem Einkommen oder vielen Kindern daran teilhaben können?

Aber nicht nur die Eintrittspreise sind nicht gerade familienfreundlich. Wenn man dann als Familie in den Ausstellungsräumen angekommen ist, wird man permanent zur Ruhe ermahnt. Andere Gäste schütteln tadelnd den Kopf, weil der Nachwuchs juchzend den langen Flur entlang rennt oder lautstark wissen will, warum die Frau auf dem Bild so einen komischen Hut trägt.

Familien fühlen sich unwillkommen, wenn Aufseher im Minutentakt »nicht berühren« rufen, wenn Vitrinen so hoch angebracht sind, dass kleine Kinder nichts sehen können oder wenn an jedem Exponat das »Nicht-anfassen-Schild« prangt. Selbst in Ausstellungen, die sich explizit an Kinder richten, hängt viel zu oft dieses Schild an Vitrinen und Exponaten. Natürlich hat es einen Sinn, weshalb manche Exponate nicht berührt werden dürfen, schließlich sollen sie nicht zerstört werden. Aber was spricht dagegen, neben dem alten Werkzeug in der Vitrine dieses noch einmal zum Anfassen und Ausprobieren für Kinder nachzubauen? So wird Wissen kindgerecht vermittelt, denn durch Ausprobieren lernt es sich viel leichter als durchs reine Anschauen. Das geht nicht nur unseren Kindern so, das gilt auch für Erwachsene.

Kinder bringen eine angeborene Neugier mit. Diese geht im Lauf des Lebens häufig verloren – auch weil die Erwachsenenwelt sie nicht befriedigt, nicht auf sie eingeht und Kindern schon früh vermittelt, mit dieser Neugier zu nerven. Museen wären die geeigneten Orte, Antworten auf ihre vielen Fragen zu finden und um Kinder noch mehr zum Fragen zu ermuntern. Wenn ein Thema kindgerecht und spannend aufbereitet ist, begeistert es fast jedes Kind. Wenn die Neugier geweckt ist, lernen Kinder fast von allein.

Staatliche Museen werden zudem von Steuergeldern finanziert – Steuergelder, die auch Eltern bezahlen. Warum richten sich Museen daher nicht stärker auf Familien aus? Wieso ist es nicht verpflichtend, Führungen und Audioguides für Kinder anzubieten, die Räumlichkeiten kindgerecht einzurichten und Kinder und Jugendliche in die Gestaltung von Ausstellungen miteinzubeziehen? Es gibt zwar immer mehr Museen, die sich auf Kinder ausrichten, immer mehr Ausstellungen, die spezielle Kinderführungen anbieten und Museumstage, an denen Kinder kostenlosen Eintritt haben. Aber diese Dinge sind längst noch nicht flächendeckend und in den meisten Häusern gilt ab sechs Jahren: Bitte Eintritt zahlen.

Gerade in den Museen hat sich zudem in der Zeit der Pandemie gezeigt, wie sehr Kinder hintangestellt werden. So waren beispielsweise Spiel- und Hörstationen aus »Infektionsschutzgründen« noch bis ins Jahr 2022 geschlossen, obwohl schon kurz nach Auftauchen des Coronavirus 2020 klar war, dass das Anfassen von Oberflächen nicht zu einer Übertragung des Virus führt. Wurde vergessen, diese Beschränkungen aufzuheben? Oder hat man diese Begründung einfach genutzt, um Bereiche, die Arbeit machten, stillzulegen oder wegzukürzen? Wenn dem so ist, ist dies eine Sache, die öffentlich thematisiert werden sollte.

Kinder möchten gehört werden

Dass Kinder gehört werden wollen, zeigte nicht zuletzt der Kinderreport 2018 des Deutschen Kinderhilfswerks. Der Umfrage zufolge wünschten sich 96 Prozent der Kinder und Jugendlichen mehr Mitbestimmung in Schule und Familie. 86 Prozent forderten mehr Mitbestimmung in Sport-, Kultur- und Freizeitvereinen und 79 Prozent der befragten Kinder und Jugendlichen sprachen sich für insgesamt mehr Mitbestimmungsrechte in Deutschland aus. Interessant ist die Sicht der Erwachsenen, die in der Umfrage des Kinderhilfswerks ebenfalls um ihre Meinung gebeten wurden. Von ihnen sprachen sich nur 79 Prozent für mehr Mitbestimmung in der Schule aus, 81 Prozent für mehr Mitbestimmung in der Familie und nur 70 Prozent für mehr Beteiligungsmöglichkeiten insgesamt. Mehr Mitbestimmungsrechte in Kitas forderten übrigens nur 44 Prozent der Erwachsenen.

Kinder wollen also mitgestalten, und zwar nicht nur in ihrem direkten Lebensumfeld. Wie wenig sie sich jedoch wahrgenommen fühlen, zeigt eine Umfrage der Kinderzeitschrift *Zeit Leo* vom August 2021: Nur sieben Prozent der befragten Acht- bis 13-Jährigen glaubte demnach, dass Politikern ihre Meinung wichtig ist. Zwei Drittel haben der Umfrage zufolge das Gefühl, dass ihre Meinung grundsätzlich nicht gefragt ist. Wie wenig Schülerinnen und Schüler in ihren Schulen mitentscheiden dürfen, zeigte die Kinderstudie 2018 von World Vision: Befragt, ob sie bei der Aufstellung der Klassenregeln mitreden dürften, gaben 24 Prozent der Kinder zwischen sechs und elf Jahren an, dass das »oft« und 35 Prozent, dass das »manchmal« der Fall sei. Bei der Wahl eines Ziels für einen Schulausflug gaben 15 Prozent der befragten Kinder an, mitbestimmen zu dürfen, bei der Gestaltung des Klassenzimmers 22 Prozent. Beim Aufstellen der Tische gaben sogar nur elf Prozent an, »oft« mitbestimmen zu dürfen, und auch die Wahl des Sitznachbarn durften laut Umfrage nur 25 Prozent »oft« mitentscheiden.

Sind dies nicht Belange, die Schüler in ihrer Schule konsequent immer mitentscheiden sollten? Es geht nicht darum, ihnen diese Entscheidungen allein zu überlassen, aber ein generelles Mitspracherecht bei gerade diesen sie unmittelbar betreffenden Dingen sollte eigentlich selbstverständlich sein. Denn natürlich haben Grundschüler eine Meinung, wie es im Klassenzimmer aussehen sollte. Sie verbringen dort fünf Vormittage pro Woche – da sollte es selbstverständlich sein, dass sie eigene Ideen mit einbringen! Und wieso sollte es allein in der Hand des Lehrpersonals liegen, wo es zum Schulausflug hingeht und was dort gemacht wird? Schließlich geht es dabei eigentlich um die Kinder, nicht um die

Lehrer. Und natürlich können auch Sechs- bis Elfjährige Klassenregeln aufstellen, sich darüber einigen, welches Verhalten sie in der Klassengemeinschaft wünschen und welches nicht.

Schon Kindergartenkinder können sich klar äußern, was sie sich für ein Klima in der Gruppe wünschen und was sie stört. Wenn man die Kinder bei den Klassenregeln mitreden lässt, hat das übrigens den Effekt, dass sie diese von sich aus einhalten, das sagt auch der Kinderrechte-Professor Jörg Maywald. Dasselbe gelte auch, wenn Kinder bei der Gestaltung ihrer Umgebung mitreden dürfen, so Maywald: »Die Identifikation ist deutlich höher, wenn man etwas mitbestimmen oder mitgestalten kann.«

Und dennoch fühlen sich viele Kinder selbst bei diesen, sie unmittelbar betreffenden Dingen nicht ausreichend gehört. Was macht es mit Kindern, wenn sie das Gefühl haben, dass ihre Meinung nicht gefragt ist, dass die Politik sie nicht im Blick hat? Was sagt es über eine Gesellschaft aus, wenn Kinder das Gefühl haben, dass sie nicht zählen, dass sowieso niemand auf sie hört? Wir können es uns nicht erlauben, dass sich bei einem großen Teil unserer Kinder von Anfang an eine Resignation breitmacht, nichts ausrichten zu können.

Bei vielen Partizipationsprojekten besteht zudem das Problem, dass die Erwachsenen sich nicht zurücknehmen. Ihre Aufgabe ist es, solche Projekte zu begleiten und den Kindern das Gefühl zu geben, wirklich etwas entscheiden zu können. So schreibt auch der Sozialwissenschaftler und Professor für Sozialpädagogik Manfred Liebel in seinem Buch *Unerhört. Kinder und Macht*: »Die westlich-bürgerliche Konstruktion von Kindheit geht davon aus, dass Kinder erst ‚sozialisiert' und eine gewisse Reife erlangen müssen, bevor sie selbst an der Macht teilhaben können.«[5] Genau das spüren Kinder und Jugendliche. Die Kindheitsforscherin Sabine Andresen von der Goethe-Universität Frankfurt hat 2019 für die Studie Children's Worlds+ Kinder und Jugendliche gefragt, was sie sich wünschen und wie sie sich gehört fühlen würden. In einem Gastartikel für die *Zeit* schrieb sie: »Kinder fordern Anerkennung und dass ihnen ehrlicher Respekt entgegengebracht wird.«[6] Eben diese Anerkennung ist es, die vielen Kindern fehlt. Ihre Meinung sollte man ernst nehmen, so Sabine Andresen. Sie stellt klar: »Kinder brauchen keinen Kummerkasten, sondern eine echte Beschwerdestelle.«[7] Eine Forderung, die sich in einer wirklichen staatlich anerkannten und geförderten Institution niederschlagen sollte.

So kann es gehen! – Ideen, wie Kinderbeteiligung umsetzbar ist

Ein Beispiel, wie Kinderbeteiligung unkompliziert umgesetzt werden kann, ist das »Standard-Ruckzuck-Verfahren«, das seit Ende der 1990er-Jahre in Flensburg bei Gestaltung von Spielplätzen angewendet wird, nachdem deren Planung 1999 in die Hand der Abteilung für Kinder- und Jugendförderung gelegt wurde. Die Grundidee: Partizipation muss nicht kompliziert und aufwendig sein, vielmehr geht es darum, zu den Menschen zu gehen und ihnen zuzuhören. Anfangs bestand das »Standard-Ruckzuck-Verfahren« aus mehreren Ortsterminen. Nachdem Anwohner und Familien persönlich per Brief eingeladen wurden, gab es einen ersten Brainstorming-Termin, bei dem alle Ideen und Bedenken gesammelt wurden. Beim zweiten Termin wurden nur die Kinder angesprochen, und man unternahm mit ihnen einen Streifzug durch die Nachbarschaft, um zu sehen, welche Spielorte es gibt und was daran spannend oder nicht so gut ist. Beim dritten Termin bauten dann die Kinder mit kleinen Modellen von Spielgeräten ein Gesamtmodell, wie der Spielplatz aussehen könnte. Dann wurde abgestimmt, welche Spielgeräte angeschafft oder Umbaumaßnahmen umgesetzt werden sollten. Zum Abschluss gab es eine Präsentation vor den Eltern.

Da es sich im Lauf der Jahre jedoch als immer schwieriger erwies, dass die Kinder bei allen drei Terminen dabei sind, wurde es auf einen Termin zusammengekürzt. Aber immer noch stehen die Ideensammlung und die Abstimmung der Kinder im Mittelpunkt des seit Jahren etablierten Verfahrens, das sich als Ziel gesetzt hat, auf Augenhöhe mit den Kindern zu kommunizieren.

Wie könnten Kinder besser lernen, wie Demokratie funktioniert, als durch die eigene Erfahrung? Wer von klein auf lernt, dass die eigene Meinung genauso zählt wie die der anderen, erfährt Selbstwirksamkeit, das Gefühl: »Ich kann etwas bewegen.« In einem solchen Prozess lernen Kinder zudem, die Meinung anderer zu akzeptieren, beziehungsweise sie lernen zunächst einmal, dass es überhaupt andere Sichtweisen als die eigene gibt und dass diese ebenfalls ihre Berechtigung haben. So können Kinder schon früh über den eigenen Tellerrand schauen.

Durch das Beteiligen lernen Kinder, wie man argumentiert, wie man für seine Sache eintritt, aber auch, wie man andere Meinungen akzeptiert und Kompromisse findet. Durch Partizipation und Abstimmen – und sei es auch nur über das monatliche Lieblingsessen im Kindergarten – lernen Kinder, sich gegenseitig zu respektieren. Sie erfahren, was es bedeutet, Verantwortung für das eigene Handeln und die eigenen Entscheidungen zu übernehmen, ihr eigenes Handeln mit anderen abzustimmen und Probleme konstruktiv zu lösen. Das sind elementare demokratische Fähigkeiten, die leider – das zeigt der Alltag immer wieder – viele Erwachsene nicht beherrschen. Wer von klein auf mit anderen Meinungen und Bedürfnissen in Kontakt kommt, verinnerlicht, dass die Welt bunt ist, dass es mehr als nur einen richtigen Weg gibt. »Demokratie ist die einzige Staatsform, die gelernt werden muss«, schrieb auch der bekannte Soziologe Oskar Negt, der sich für eine konsequente Demokratisierung aller Lebensbereiche einsetzt. Das schließt eben auch Schule und Kindergarten mit ein.

Kinderbeteiligung ist also mehr als nur ein nettes »Nice-to-have«. Sie hilft, Kinder demokratiefähig zu machen, die dann weniger anfällig für Extremismus und Verschwörungsideologien sind. Beteiligung hilft, dass aus Kindern tolerante Menschen werden, die hoffentlich einmal vieles besser machen als die Generation vor ihnen. Denn schon Mahatma Gandhi war der Ansicht: »Wenn wir wahren Frieden in der Welt erlangen wollen, müssen wir bei den Kindern anfangen.« Partizipation bedeutet mehr als ein gönnerhaftes: »Dann lassen wir sie mal ein paar nette Bildchen malen, wie sie sich den Spielplatz vorstellen.« Echte Partizipation meint, dass man sich auf Augenhöhe der Kinder begibt, sie altersgerecht fragt und die Gespräche moderiert. Wichtig ist, dass ihre Stimme auch wirklich gehört wird und sie das Gefühl haben, dass ihre Meinung gefragt ist und auch beachtet wird. Partizipation macht unsere Kinder nicht nur fit für die Zukunft, sondern bedeutet ein direktes Gestalten der Zukunft und der eigenen Umwelt.

Das fängt beispielsweise ganz konkret damit an, Ansprechpartner für Probleme der Kinder in den Schulen anzubieten, Kummerkästen, E-Mail-Adressen, geht weiter über Klassenratssitzungen, Organisationskomitees für Schulfeste, Sprechtage nicht nur für Eltern, sondern auch für Schüler. Doch Kinder können und sollten auch zum Beispiel bei Fragen zu der Verkehrspolitik herangezogen werden: Wo werden Ampeln gebraucht? Sind die Ampelphasen lang genug für kleine Kinder (und damit auch für Senioren, die nicht mehr so gut zu Fuß sind)? Behindern parkende Autos die freie Sicht auf die Straße? Sind die Radwege breit genug? Wie kann man dafür sorgen, dass die Stadt sauberer wird? Wo fehlen Mülltonnen? Kinder haben viele Ideen, sie haben einen anderen Blick auf die Dinge als wir, und es lohnt sich, sie auf ihrer Augenhöhe zu betrachten.

Aber wie sieht es denn nun tatsächlich aus mit der Möglichkeit, sich als Kind oder Jugendlicher in die Politik einzubringen? Die Beteiligung von Kindern und Jugendlichen ist in einigen Bundesländern sogar gesetzlich vorgeschrieben, beispielsweise in der schleswig-holsteinischen Gemeindeordnung in §47f, in dem es um eine Beteiligung in den Städten und Gemeinden geht. Kinder- und Jugendparlamente oder Ansprechpartner für die Belange von Kindern und Jugendlichen muss man dennoch gezielt suchen. Die zweitgrößte Stadt Schleswig-Holsteins, Lübeck, hat weder das eine noch das andere. Schaut man auf Bundesebene, findet man nur in Hessen und Sachsen-Anhalt Kinderbeauftragte in den Landesregierungen, also nur in zwei von 16 Bundesländern.

2021 zählte das Bundesfamilienministerium in ganz Deutschland 30 000 junge Menschen in 500 Kinder- und Jugendparlamenten und 300 Jugendforen. Deutschland hat ungefähr 11 000 Städte und Gemeinden. Zählt man die Jugendforen und Kinder- und Jugendparamente zusammen, kommt man auf 800. Das ist die offizielle Zahl, die das Bundesfamilienministerium nennt. Wie die Arbeit dieser Foren konkret aussieht und wie viele von ihnen wirklich aktiv tätig sind und auch gehört werden, geht aus dieser Statistik nicht hervor. Das heißt, nur in etwas mehr als sieben Prozent der deutschen Städte und Gemeinden gibt es ein Parlament für junge Menschen oder ein Jugendforum. Das ist beschämend.

Das hatte wohl auch die damalige Familienministerin Franziska Giffey erkannt, die 2021 das Ziel ausrief, die Zahl der Kinder- und Jugendparlamente bis 2024 zu verdoppeln, und dafür vier Millionen Euro aus dem Kinder- und Jugendplan des Bundes zur Verfügung stellte. Verdoppeln hört sich nach viel an. Betrachtet man dann jedoch die Zahlen, zeigt sich, dass es noch viel mehr als einer Verdoppelung bedarf. Denn sonst hat 2024 nur etwas mehr als jede zehnte Gemeinde ein Kinder- und Jugendparlament oder Jugendforum. Da reicht es nicht, dass Franziska Giffey in der Pressemitteilung bekundete: »Junge Menschen wissen, was vor Ort los ist. Ihre Sichtweisen und Meinungen lassen sich durch keine andere Perspektive ersetzen. Deshalb ist es wichtig, Kinder und Jugendliche einzubeziehen und ernst zu nehmen. Beteiligungsmöglichkeiten wie Kinder- und Jugendparlamente sind daher sehr wertvoll.«[8] Wie ernst genommen fühlen sich junge Menschen, die sich beteiligen und einbringen wollen, wenn sie in ihrer Umgebung schlicht keine Möglichkeit dazu finden?

Kinderkommission und Ombudsperson – Kinder- und Jugendlichenvertretung auf Regierungsebene

Es ist nicht so, dass von staatlicher Seite aus gar nichts unternommen wird. Aber man hat doch den Eindruck, dass vieles nur halbherzig geschieht, nicht zu Ende gedacht ist. Jedenfalls scheint das, was passiert, weit entfernt von kindorientierter Politik zu sein.

Es gibt beispielsweise seit 1988 die Kinderkommission des Deutschen Bundestags. Schon mal davon gehört? Wenn nicht, kann man niemandem gram sein dafür. Denn diese Kommission tritt nur selten in Erscheinung. Sie ist ein Unterausschuss des Ausschusses für Familien, Senioren, Frauen und Jugend. Ein Unterausschuss, das bedeutet, die Kinderkommission ist kleiner als ein normaler Ausschuss und hat keine Entscheidungsgewalt. Wie jeder Ausschuss bildet sich auch die Kinderkommission mit jeder Legislaturperiode neu. Nachdem Ende November 2021 die Ampelkoalition ihre Arbeit aufnahm, hatte sich im Februar 2022 noch keine Kinderkommission gebildet. Neue Projekte, Themen oder Schwerpunkte konnten also noch nicht ins Auge gefasst werden.

Die spezielle Aufgabe der Kinderkommission ist die Interessenvertretung für Kinder und Jugendliche. Das formuliert sie selbst folgendermaßen: »Die Kinderkommission ist eine Interessenvertretung für die Kinder und Jugendlichen in Deutschland. Ziel aller Bemühungen ist es, Kinderpolitik stärker ins Bewusstsein der Öffentlichkeit zu rücken und diese für Kinderanliegen zu sensibilisieren. Darüber hinaus schaut die Kinderkommission darauf, dass bei politischen Entscheidungen daran gedacht wird, welche Folgen diese Entscheidungen für die Kinder in Deutschland haben. Werden politische Entscheidungen am Wohl der Kinder orientiert, bedeutet dies, dass es kaum ein Ressort gibt, in dem die Kinderkommission nicht ein Wort mitzureden hat – im Interesse der Kinder. Kinderpolitik ist also eine Querschnittsaufgabe.«[9]

»Kaum ein Ressort, bei dem die Kinderkommission nicht ein Wort mitzureden hat« – wieso hat sich dann drei Monate nach Aufnahme der Regierungsarbeit noch keine Kinderkommission gebildet? Wieso tauchen die Statements und die Arbeit der Kinderkommission nicht viel häufiger in den Medien auf, wenn es doch das Ziel ist, »Kinderpolitik stärker ins Bewusstsein der Öffentlichkeit zu rücken«?

Acht Pressemitteilungen findet man für das Jahr 2021 auf der Webseite der Kinderkommission. Sieben gab es im Jahr 2020. 2020 und 2021 waren Jahre, in denen es für Kinder mit der Coronapandemie noch nie dagewesene Herausforderungen gab, zwei Jahre, in denen sich zeigte, wie sehr Kinder und Jugendliche und ihre Rechte vergessen worden sind. Hätte es da nicht mehr Gelegenheiten für ein Anhören der Kinderkommission gegeben? Warum zuckten bei einer – zugegeben nicht repräsentativen – Umfrage in meinem Bekanntenkreis einhundert Prozent der Befragten mit den Schultern und sagten, sie hätten noch nie von dieser Kommission gehört? Wohlgemerkt, unter diesen Bekannten waren berufsbedingt viele Journalistinnen und Journalisten und altersbedingt viele Eltern. Wie es scheint, hat die Kinderkommission die Öffentlichkeit nicht in dem Maß sensibilisiert, wie es eigentlich nötig wäre, um auf Kinderrechte aufmerksam zu machen.

Doch worin besteht ihre Arbeit denn nun genau? Die KiKo, wie sie sich selbst nennt, setzt sich aus je einem Mitglied jeder im Bundestag vertretenen Fraktion sowie je einem Stellvertreter zusammen. Die ordentlichen Mitglieder sind in ihrer jeweiligen Fraktion in der Regel auch die Kinderbeauftragten und gehören dem Ausschuss für Familie, Senioren, Frauen und Jugend an. Alle Beschlüsse, Empfehlungen, Stellungnahmen und öffentlichen Äußerungen der KiKo bedürfen einer Zweidrittelmehrheit der Mitglieder.

2021, also mehr als dreißig Jahre nach der Gründung, hat die KiKo erstmals Jugendliche als Sachverständige in die Sitzungen eingeladen. Endlich! Denn was liegt näher, als diese selbst zu hören? Das Beispiel der Kinderkommission zeigt, wie eine gute Idee eine gute Idee und nicht mehr bleibt, weil sie nicht an dic Öffentlichkeit dringt. Ich bin mir sicher, dass die Mitglieder der KiKo in den vergangenen Legislaturperioden engagiert waren, dass ihnen das Wohl der Kinder wirklich am Herzen lag. Aber sie wurden zu wenig gehört. Vielleicht, weil die Öffentlichkeit, die Medien zu wenig Interesse hatten oder ihre Existenz vielen in Deutschland nicht bekannt ist? Vielleicht, weil die Kinderkommission keine Entscheidungsgewalt hatte?

Wieso gibt es keine Telefonnummer oder E-Mail-Adresse, unter der Kinder und Jugendliche sie erreichen können? Auf der Webseite findet man nur eine zentrale Telefonnummer und E-Mail-Adresse, nicht einmal für die Vertreter der Presse gibt es eine Pressestelle. Und warum erfährt nicht jeder Schüler, jede Schülerin in der Schule von der Kinderkommission und ihrer Arbeit?

Wie die Interessensvertretung von Kindern und Jugendlichen anders geregelt werden kann, zeigen wieder die skandinavischen Länder. Dort gibt es beispielsweise einen Ombudsmann oder eine Ombudsfrau wie zurzeit in Norwegen, wo bereits 1981 die erste Ombudsstelle der Welt für Kinder eingerichtet wurde.

Das Amt einer Ombudsperson für Kinder ist überparteilich – im Gegensatz zur KiKo in Deutschland, in der Vertreter der Bundestagsfraktionen sitzen. Die Aufgabe der Ombudsperson in Norwegen ist eine Art Anwalt für die Kinder und Jugendlichen, eine Vertretung für sie. Die Ombudsperson klopft alle politischen Entscheidungen auf die Beachtung der Kinderrechte ab, veröffentlicht Statements, gibt Empfehlungen, bietet Vorträge und Fortbildungen an und hört regelmäßig Kinder und Jugendliche an.

»Jeder kann uns erreichen«, steht auf der norwegischen Internetseite, verbunden mit der expliziten Aufforderung an Kinder und Jugendliche, sich an sie zu wenden. Auch in den sozialen Medien von Twitter bis Instagram ist die norwegische Ombudsperson vertreten. Bei Facebook hat die Seite mehr als 32 000 Follower, bei Instagram mehr als 4 000 und bei Twitter mehr als 16 000. Das zeigt, wie sehr die Ombudsperson öffentlich bekannt ist und wie sehr sie sich öffentlich engagiert.

Ähnlich öffentlich präsentiert sich auch die Kinderombudsperson in Finnland, die auf Facebook mehr als 16 000, auf Twitter mehr als 8 000 und bei Instagram 1 000 Follower hat. Über die sozialen Medien wird die Zielgruppe direkt erreicht – die Kommunikation ist bei Instagram und Co. deutlich niedrigschwelliger als per E-Mail. Auch dies ist ein Beispiel dafür, wie es gelingt, auf Augenhöhe mit den Kindern und Jugendlichen zu kommunizieren.

»Das verstehst du noch nicht« – Meinungsbildung und Mitbestimmung auf politisch-gesellschaftlicher Ebene

Ein Symptom des Adultismus ist es, dass Erwachsene Kindern und Jugendlichen eine politische Meinung und Ahnung absprechen. Erwachsene meinen erstaunlich oft, dass sie das meiste besser wissen, die Dinge besser verstehen als junge Menschen, und unterschätzen damit die nachkommende Generation. Dabei zeigen gerade Bewegungen wie »Fridays for Future« eindrücklich, wie sehr sich Kinder und Jugendliche mit politischen und gesellschaftlichen Themen auseinandersetzen, wie gut sie Zusammenhänge und deren Bedeutung für ihre eigene Zukunft verstehen. Und sie zeigen, wie reflektiert sie an Themen herangehen, deren Komplexität viele Erwachsene abschreckt, und wie leidenschaftlich man sich für eine Sache einsetzten kann, wenn sie einem wichtig ist.

Klimapolitik, Rentenpolitik, Verkehrspolitik, aber auch die Haushaltsentscheidungen der Politiker sind Themen, die die Zukunft unserer Kinder betreffen. Die Zinsen für die Schulden, die der Staat heute macht, müssen einmal von den Steuern unserer Kinder abbezahlt werden. Warum schließen wir sie von der Politik aus? Wie können es sich Erwachsene anmaßen, Dinge zu entscheiden, die unmittelbar auf die Zukunft der Kinder einwirken?

Mit der bereits genannten Studie Children's Worlds+ zeigte die Frankfurter Professorin für Sozialpädagogik Sabine Andresen, wie gut Kinder und Jugendliche über ihre Bedarfe, Sorgen und ihr Leben Auskunft geben können und dass sie sehr wohl in der Lage sind, eine realistische Einschätzung ihrer Lebenssituation abzugeben. Außerdem, so die Verfasserinnen der Studie, benennen Kinder und Jugendliche »Sorgen und Probleme, die Erwachsene so nicht wahrnehmen, bzw. im Blick haben. Zudem setzen sie bei ihren Bedarfen durchaus andere, eigene Schwerpunkte«.[10]

Wenn man die Idee von Partizipation von Kindern und Jugendlichen konsequent weiterdenkt, kommt man unweigerlich zum Thema Wahlrecht. Denn neben der Mitbestimmung und freien Meinungsäußerung sind freie Wahlen eine der tragenden Säulen der Demokratie. Die Möglichkeit, zu einer politischen Wahl zu gehen, ist eine direkte Form von Partizipation, die bisher den unter 18-Jährigen, beziehungsweise bei Kommunalwahl den unter 16-Jährigen versagt ist.

»Das versteht ihr doch sowieso nicht. Lasst uns das mal machen« – das ist die typische Haltung Erwachsener gegenüber Kindern, durch die sie ihnen absprechen, sich politisch zu engagieren, sich zu beteiligen, mitzubestimmen und zu wählen. Kinder seien zu unreif, um sich eine politische Meinung zu bilden, und erst recht, um bei politischen und gesellschaftlichen Entscheidungen mitzubestimmen – mit diesem Argument lehnen Kritiker ein Wahlrecht für Kinder und Jugendliche unter 18 Jahren (bzw. 16 Jahren) ab. Moment mal – kommt uns diese Begründung nicht bekannt vor? Ja. Mit eben diesen Argumenten wurde auch Frauen das Wahlrecht verweigert.

Frauen seien zu emotional, um zu wählen, wurde im 19. Jahrhundert verkündet. Es ging noch weiter: vom zu kleinen Gehirn war die Rede, vom zu schwachen Körper. Um das weibliche Geschlecht nicht »zu überfordern«, hielten treusorgende Ehemänner politische Themen ganz von ihren Frauen fern. Erst seit etwas mehr als einhundert Jahren haben Frauen in Deutschland das aktive und passive Wahlrecht. Dem ging ein energischer Kampf der Frauen voraus, die sich viele Jahre lang für ihre Rechte einsetzten, trotz massivem Gegenwind aus der Männerwelt.

Heute ist es schwer, sich vorzustellen, dass die Hälfte der erwachsenen Bevölkerung vom Wahlrecht und somit der Beteiligung ausgeschlossen war. Kein vernünftig denkender, moderner, aufgeschlossener Mensch käme auf die Idee, das Frauenwahlrecht anzuzweifeln oder Frauen gar die geistige Reife für politische Entscheidungen abzusprechen. Doch wenn es um das Wahlrecht unter 18 Jahren geht, werden eben diese Argumente wieder angeführt.

Auch Erich Fromm verglich die Situation der Frauen Anfang des zwanzigsten Jahrhunderts mit der Situation der Kinder. Er glaubte an die Jugend und blickte verhalten optimistisch in die Zukunft. 1971 schrieb er in *Überfluss und Überdruss in unserer Gesellschaft*: »Die Frauen waren wie Kinder, Objekt und Eigentum der Männer. Das ist anders geworden. (…) Und es spricht alles dafür, dass diese Revolution der Frauen weitergehen wird, genauso wie die Revolution der Jugendlichen und Kinder. Sie werden ihre eigenen Rechte erkennen, artikulieren und vertreten.«[11]

Sie tun es. Aber ein Wahlrecht unter 18 Jahren gibt es in Deutschland bisher nur auf kommunaler Ebene, wo schon ab 16 gewählt werden darf, allerdings auch das nicht einmal in allen Bundesländern. In Bremen, Brandenburg, Hamburg und Schleswig-Holstein darf auch bei den Landtagswahlen bereits ab 16 Jahren gewählt werden. Das sind ganze vier von 16 Bundesländern.

Allerdings fragt man sich dann wirklich: Wieso wird bei diesen Wahlen Jugendlichen ab 16 Jahren die Fähigkeit zugesprochen, zu wählen, politische Entscheidungen zu treffen, aber bei den übrigen Wahlen nicht? Mit 16 Jahren machen viele eine Ausbildung und zahlen daher auch Rentenbeiträge und Steuern – warum dürfen diese Jugendlichen dann nicht darüber bestimmen, was mit ihren Abgaben passiert, wofür sie eingesetzt werden?

Und: Warum spricht man Menschen unter 18 Jahren pauschal ein Politikverständnis ab, wenn man das bei Achtzigjährigen nicht tut? Wieso gibt es beim Wahlrecht eine Altersuntergrenze, aber keine Obergrenze? Wieso darf ein Neunzigjähriger mitbestimmen, wer ihn die nächsten vier Jahre regiert und darüber entscheidet, ob mehr Geld in die Subventionierung der Autoindustrie oder den Klimaschutz gesteckt werden soll, und ein 16-Jähriger nicht? Menschen mit Demenz dürfen übrigens nach einer Entscheidung des Bundesverfassungsgerichts seit 2019 nicht mehr vom Wahlrecht ausgeschlossen werden, was nachvollziehbar ist, denn bei einem elementaren demokratischen Grundrecht wie dem Wahlrecht sollte der Staat eher großzügig als restriktiv vorgehen. Aber ist dann nicht die logische Konsequenz daraus, auch Kindern und Jugendlichen die Möglichkeit zur Stimmabgabe zu geben? Zur Erinnerung: Es gibt 13,75 Millionen Menschen unter 18 Jahren, die in Deutschland weder bei Bundestagswahlen noch bei Europawahlen mitbestimmen dürfen.

Kinder an die Macht! – Warum eine Absenkung des Wahlalters Partizipation entscheidend fördern würde

Die meisten Politikerinnen und Politiker wollen wiedergewählt werden. Parteien wollen die Mehrheit erringen oder zumindest so viele Stimmen wie möglich. Also wird Politik nicht für politische Randgruppen, sondern für den »Mainstream« der Wählenden gemacht. Machen wir uns nichts vor: Es werden die Themen auf die Agenda gesetzt, mit denen man Wählerstimmen gewinnen kann. Es werden die Themen in den Fokus gerückt, die die Mehrheit der Wählenden bewegt. Es werden Wahlgeschenke an die verteilt, von denen man sich erhofft, dass man durch sie die Mehrheit an Stimmen erlangt. Solange die Mehrheit der Menschen, die wählen dürfen, über fünfzig oder sogar sechzig Jahre alt ist, werden bestimmte Themen daher nun mal eher berücksichtigt als andere.

Bei der Bundestagswahl 2021 waren laut offizieller Statistik des Bundeswahlleiters 60,4 Millionen Menschen in Deutschland zur Wahl aufgerufen, davon 31,2 Millionen Frauen und 29,2 Millionen Männer. Rund 58 Prozent der Wahlberechtigten war älter als fünfzig, 21 Prozent der Wahlberechtigten über siebzig Jahre. Ganze 4,6 Prozent der Wahlberechtigten durften zum ersten Mal in ihrem Leben ihre Stimme abgeben. Die Altersgruppe der 18- bis 20-Jährigen machte bei den Wahlberechtigten drei Prozent aus.

Viel deutlicher lässt sich die Ungleichverteilung kaum sichtbar machen. Vielleicht noch so: 12,8 Millionen Wahlberechtigte waren über siebzig Jahre alt. 13,75 Millionen Kinder und Jugendliche hatten kein Stimmrecht. Einfach nur, weil sie zu jung waren. Ein Blick auf die Alterspyramide zeigt, dass es in den kommenden Jahren nicht besser werden wird. Bevölkerungsvorausberechnungen gehen davon aus, dass 2040 ungefähr 45 Prozent der Wahlberechtigten über sechzig Jahre alt sein könnten.

Welchen Einfluss das Alter der Wahlberechtigten auf die Politik hat, zeigt eine Studie des Berlin-Instituts für Bevölkerung und Entwicklung. Demnach sind ältere Menschen eher für stabile Renten als für Transferleistungen für Familien und Kinder: »Der wachsende Anteil an älteren und kinderlosen Menschen in unserer Gesellschaft hat bei der Gestaltung der Sozialpolitik (…) nicht unbedingt das Wohl der Allgemeinheit im Auge.«[12]

Je älter eine Gesellschaft wird, umso mehr scheint also die Bereitschaft zu sinken, sich solidarisch mit den nachfolgenden Generationen zu zeigen. Ähnliches schreiben auch Sozialforscher des Max-Planck-Institut für demografische Forschung: »Je älter ein Bundesbürger, desto weniger familienfreundlich ist die Politik, die er sich wünscht.« So halten zum Beispiel Kinderlose die Erhöhung von Kindergeld, den Ausbau von Mutterschaftsurlaub oder erhöhte Ausgaben für Kinderbetreuung deutlich seltener für wichtig als Menschen mit Kindern.[13] Die Prioritäten sind klar gesetzt. Es scheint zu gelten: In der Politik ist man sich selbst am nächsten.

Wie sehr sich die Politik nach den Älteren in der Gesellschaft ausrichtet, zeigte auch der von der Bundeszentrale für politische Bildung veröffentlichte Wahl-O-Mat zur Bundestagswahl 2021: In den 38 hier gestellten Fragen kamen Eltern nur drei Mal vor. Einmal bei der Frage, ob die traditionelle Familie aus Vater, Mutter, Kindern stärker als andere Lebensgemeinschaften gefördert werden sollte, einmal bei dem Thema zum elternunabhängigen BAföG und eine Frage betraf direkt die Jugendlichen – die Absenkung des Wahlalters. Ist das vielleicht schon eine Auswirkung der »strukturellen Rücksichtslosigkeit unserer gesellschaftlichen Verhältnisse gegenüber Familien«, wie das Familienministerium im 5. Familienbericht schrieb?[14]

Immerhin: Dass sich am Wahlalter etwas ändern muss, haben auch immer mehr Politiker erkannt. Im Koalitionsvertrag der neuen Regierung haben die SPD, Grünen und FDP das Vorhaben verankert, das Wahlalter generell auf 16 Jahre abzusenken. Damit würden rund 1,5 Millionen junge Menschen mehr die Möglichkeit erhalten, sich an den Bundestags- und Europawahlen zu beteiligen. Wie realistisch ist das Vorhaben der Ampelkoalition? Das Wahlalter für die Europawahlen lässt sich mit einer einfachen Mehrheit herabsetzen, das sollte also kein Problem sein. Für die Entscheidung über das Wahlalter bei den Bundestagswahlen ist jedoch eine Grundgesetzänderung nötig, deshalb wird eine Zweidrittelmehrheit des Bundestags benötigt, über die die Ampelkoalition nicht verfügt. Vor allem die CDU hat sich bisher immer strikt dagegen ausgesprochen. Die Altersgrenze bei 18 Jahren anzusetzen sei auch zum »eigenen Schutz« der Jugend, wird argumentiert, vorher fehle die »politische Reife«. Mit diesem Argument wandte man sich übrigens schon in den Sechzigerjahren gegen die Absenkung des Wahlalters von 21 auf 18 Jahre, was aber schließlich 1970 eingeführt wurde.

Man fragt sich, wenn man sich die Ernsthaftigkeit und Motivation anschaut, mit der die Fridays-for-Future-Bewegung ihre Ziele verfolgt, wie viel Beweise für eine politische Reife es eigentlich noch braucht. Vielleicht ist aber auch die Tatsache, dass nur zehn Prozent der CDU/CSU-Wählerschaft bei der Bundestagswahl 2021 zwischen 18 und 24 Jahre alt waren, ein Grund für die vehemente Ablehnung der Unionsparteien. 66 Prozent der Unionswähler war über sechzig Jahre alt. Im Vergleich dazu waren übrigens 23 Prozent der Grünen- und 21 Prozent der FDP-Wählerschaft zwischen 18 und 24 Jahre alt.

Eine Herabsetzung des Wahlalters hätte nicht nur eine Verschiebung der Wählerstimmen zur Folge. Im Auftrag der Bertelsmann Stiftung haben Forscher 2015 berechnet, dass ein Wahlrecht ab 16 Jahren zudem die Wahlbeteiligung auf bis zu achtzig Prozent erhöhen könnte.[15] Zwar beteiligen sich junge Menschen weniger häufig an Wahlen als ältere Menschen, aber die Motivation, wählen zu gehen, könnte durch die Herabsetzung der Altersbeschränkung gesteigert werden.

Die Autoren der Studie schreiben, dass die Wahlbeteiligung nach Altersgruppen bei den Erstwählern deutlich höher ist, bei den Menschen ab Mitte zwanzig wieder absinkt und sich dann mit zunehmendem Alter wieder erhöht. Das Ergebnis: Jüngere Wähler sind bei Wahlen deutlich unterrepräsentiert. Wichtig sei es deshalb, das politische Interesse von jungen Menschen zu fördern, denn: »Politisches Interesse führt zu einer verstärkten Wahlbeteiligung. Der Zusammenhang gilt aber auch umgekehrt: Das eigene Wahlrecht und die Teilnahme an Wahlen stabilisiert und erzeugt politisches Interesse.« Das habe man auch am Beispiel Österreichs gesehen, wo das Wahlalter 2007 auf 16 Jahre gesenkt wurde. Der Anteil der unter 18-Jährigen, die sich stark für Politik interessieren, habe sich daraufhin verdreifacht.[16]

Wer das Gefühl hat, etwas bewirken zu können, der beschäftigt sich auch mehr mit politischen Themen, denn sie rücken näher an das eigene Leben heran. Die Herabsetzung des Wahlalters hätte somit ebenfalls Auswirkungen auf das Gefühl von Selbstwirksamkeit bei Jugendlichen. Auch der Professor für Kinderrechte Jörg Maywald begrüßt deshalb die Pläne der Ampelkoalition. Aber er stellt im Interview zu diesem Buch klar: »Wählen ab 16 kann nur ein erster Schritt sein. Das Ziel sollte sein: ein Mensch, eine Stimme.«

Das ist eine Forderung, die in politischen Diskussionen immer wieder die Runde macht. Klar, dass ein dreijähriges Kind nicht zur Wahlurne laufen und sein Kreuzchen machen kann. Der Vorschlag, den auch die frühere Familienministerin Renate Schmidt befürwortet: Eltern können bis zu einem gewissen Alter für ihre Kinder wählen. So würden die Belange von Familien politisch deutlich mehr Gewicht erhalten.[17] Eines der Gegenargumente, das man häufig hört, lautet: Eltern würden bei Wahlen sozusagen automatisch für ihre Kinder mitwählen, da sie auch bei ihrer eigenen Stimmabgabe die Zukunft ihrer Kinder im Blick hätten. Da sich jedoch die Verhältnisse in der Gesellschaft verschoben haben und es immer mehr kinderlose Haushalte gibt, sind Familien deutlich unterrepräsentiert. Renate Schmidt erhofft sich durch ein Familienwahlrecht nicht zuletzt auch einen Mentalitätswechsel hin zu mehr Kinderfreundlichkeit in unserer Gesellschaft.

Diese Hoffnung erscheint realistisch: Stellen wir uns doch einmal vor, was für ein politisches Beben es auslösen würde, wenn auf einmal eine neue Wählergruppe mit mehr als zehn Millionen Stimmen hinzukäme und von der Politik angesprochen werden müsste!

Ein Wahlrecht ab Geburt ließe sich aber wohl noch schwerer durchsetzen als die Absenkung des Wahlalters auf 16 Jahre, wie wir bei den erforderlichen Mehrheiten für eine Wahlrechtsänderung gesehen haben. Wenn bei der nächsten Bundestagswahl auch schon 16-Jährige ihre Kreuze machen könnten, würden sich die politischen Gewichte mit Sicherheit verschieben und die Aufmerksamkeit schon im Wahlkampf verstärkt auf die Generation der unter 20-Jährigen gerichtet werden. Wenn zudem das herabgesetzte Wahlalter entsprechend in den Schulen begleitet würde, könnte man das politische Interesse von Kindern und Jugendlichen ankurbeln und sie so auch ermutigen, sich politisch stärker einzusetzen. Politik und demokratische Bildung sollten also deutlich häufiger in die Lehrpläne der Schulen mit aufgenommen werden, schon Grundschüler können und sollten sich mit diesen Themen auseinandersetzen.

Womit wir beim nächsten Thema wären: dem Recht auf Bildung, von dem man denken könnte, dass es angesichts der in Deutschland geltenden Schulpflicht umgesetzt sein sollte. Doch ein genauerer Blick zeigt, wo die Ungerechtigkeiten zu finden sind.

6
»Alle sind gleich, aber manche sind gleicher« – Chancengerechtigkeit und Kinderarmut

In der UN-Kinderrechtskonvention ist in Artikel 28 ausdrücklich auch das Recht auf Bildung festgelegt. Diese Förderrechte seien in der Coronapandemie missachtet worden, kritisiert der Kinderrechtsexperte Jörg Maywald und meint damit die Schulschließungen, die je nach Klassenstufe und Bundesland mehrere Monate dauerten. Das Bundesverfassungsgericht hat die Schulschließungen im November zwar als grundrechtskonform eingestuft, aber erstmals auch ein Recht von Kindern und Jugendlichen auf Bildung anerkannt.[1] In der konkreten Situation der Pandemie seien die Eingriffe zum Schutz vor großen Gefahren für Leben und Gesundheit gerechtfertigt gewesen. Grundrechtseingriffe durch Schulschließungen seien aber nur in einer äußersten Gefahrenlage in Betracht zu ziehen, stellte das Gericht klar. Durch Schulschließungen sei das Recht auf Bildung beeinträchtigt, da es zu Lernrückständen komme und Defiziten in der Persönlichkeitsentwicklung, vor allem in sozial benachteiligten Familien.

»Die Pandemie hat die Spaltung von armen und wohlhabenden Familien weiter vorangetrieben«, sagt Jörg Maywald im Interview zu diesem Buch. Die Kinder aus ärmeren Familien seien oft mehrfach belastet gewesen. So wurde ganz selbstverständlich vorausgesetzt, dass in jeder Familie digitale Endgeräte für Klassen-Video-Konferenzen oder das Erhalten der Aufgaben verfügbar sind. Aber nicht jede Familie hat einen Computer oder ein Tablet oder einen Drucker, um Arbeitsblätter auszudrucken. Und schon gar nicht mehrere Computer, damit jedes der Schulkinder zu Hause einen für die Hausaufgaben zur Verfügung hat. Ganz zu schweigen davon, dass längst nicht jedes Kind ein eigenes Zimmer mit einem eigenen Schreibtisch hat, an dem es in Ruhe die Aufgaben für die Schule erledigen kann.

Die Unterschiede zwischen den Haushalten sind groß, und so fand das Homeschooling für die Kinder und Jugendlichen unter unterschiedlichen Voraussetzungen statt. Zusätzlich waren die Eltern unterschiedlich gut in der Lage, ihren Kindern beim Unterrichtsstoff zu helfen – was das Ungleichgewicht noch weiter verstärkte.

Mehrere Untersuchungen zeigten, dass die Schere zwischen den Schülern aus armen und aus privilegierteren Elternhäusern weiter auseinanderging. In einer repräsentativen Umfrage der Robert Bosch Stiftung etwa stellten achtzig Prozent der Lehrkräfte fest, dass sich die soziale Ungleichheit durch die Schulschließungen weiter verstärkt hat.[2] Besonders betroffen von den Auswirkungen der Pandemie seien demnach Schulen gewesen, an denen die Eltern der Schüler mehrheitlich staatliche Hilfen erhielten. Lehrkräfte, die an Schulen in sozial benachteiligter Lage unterrichteten, sahen bei beinahe jedem zweiten Kind deutliche Lernrückstände. An diesen Schulen zeigten sich, so die Umfrage, auch psychosoziale Folgen deutlich häufiger.

Wie konnten Politik und Gesellschaft es zulassen, dass sich die

Spaltung von Arm und Reich derart weiter verstärkt? Wie konnten wir in Kauf nehmen, dass ein Teil der Kinder einfach abgehängt wird? Das ist ein Skandal, an dessen Folgen die Betroffenen noch lange zu knabbern haben werden.

Kinder haben ein Recht auf kulturelle Teilhabe

Zu den in der UN-Kinderrechtskonvention verankerten Förderrechten zählt jedoch nicht nur Bildung im Sinn von Wissensvermittlung, wie das im Unterricht geschieht. Ein weiteres Kinderrecht ist wichtig für die persönliche Entwicklung: das auf künstlerische Entfaltung. Also auch musische und kulturelle Bildung, ebenso wie die Entfaltung der motorischen Fähigkeiten.

In Artikel 31 der Kinderrechtskonvention ist ausdrücklich das Recht auf Ruhe, Freizeit, Spiel und die Teilhabe am kulturellen und künstlerischen Leben verankert. Wenn jedoch die Frage, ob ein Kind ein Musikinstrument lernt, davon abhängt, wie viel Geld die Eltern verdienen, dann ist das alles andere als chancengerecht. So wies eine Studie der Bertelsmann Stiftung nach, dass es einen eindeutigen Zusammenhang gibt zwischen dem sozioökonomischen Status, der sowohl den Bildungshintergrund als auch das Einkommen der Eltern umfasst, und der Tatsache, ob ein Kind ein Instrument lernt.[3]

Ähnliches lässt sich mit Blick auf die Sportvereine beobachten: 75 Prozent der Kinder aus »dauerhaft finanziell abgesicherten« Familien sind in einem Verein aktiv, aber nur vierzig Prozent der Jugendlichen aus »dauerhaften Armutslagen«, so die Untersuchung im Auftrag der Bertelsmann Stiftung.[4] Wie kann es sein, dass ein großer Teil der 13,75 Millionen Kinder und Jugendlichen einfach ausgeschlossen wird von bestimmten Freizeitaktivitäten? Niemand kann wirklich wollen, dass sich in Sportvereinen,

Chören und Instrumentengruppen nur noch eine wohlhabende, abgeschottete Gruppe trifft.

Eine Möglichkeit, allen Kindern unabhängig vom Geldbeutel und dem Schulabschluss der Eltern Musikunterricht oder auch Sportkurse oder Zeichenunterricht zu ermöglichen, wäre es, diese Dinge in die Schulen und Kindergärten hineinzuholen. Schule ist ja mehr als ein Ort der reinen Wissensvermittlung, sie ist vor allem ein sozialer Treffpunkt, wo man sich ausprobieren, unter Gleichaltrigen sein kann.

Eine Möglichkeit hierzu bietet zum Beispiel die Ganztagsbetreuung in Schulen, bei der solche Kurse integriert werden können. Auch in den Kitas können sie im Wochenplan eingebaut werden.

In den Kindergarten meiner Kinder kommt einmal wöchentlich eine Musikpädagogin und macht musikalische Früherziehung. Sie kann diesen Kurs dort deutlich günstiger anbieten als in einer Musikschule, und alle Kinder können daran teilnehmen. Es hängt also nicht davon ab, wie viel Geld oder Interesse das Elternhaus daran hat. Und das Ganze hat noch einen Vorteil: Wir Eltern müssen uns um nichts kümmern. Wir müssen die Kinder nicht nachmittags irgendwohin fahren, wir müssen keine Geschwisterkinder mitschleppen, wir müssen die Kleinen nur wie jeden Morgen im Kindergarten abgeben. Und in der Zeit, in der eine Gruppe beim Musikunterricht ist, können sich die Erzieherinnen und Erzieher intensiver um die anderen Kinder kümmern, haben auch mal Zeit für Extraangebote. Alle profitieren davon – und es werden auch alle erreicht.

Es wäre sicher möglich, noch mehr dieser Art von Angeboten ebenfalls in die Schulen zu verlegen. Zum Beispiel den Klavierunterricht. Eltern könnten ihn über die Ganztagsbetreuung der Kinder buchen, ganz niedrigschwellig. Das meint nicht, dass diese Angebote kostenlos sein sollen. Natürlich kostet Instrumentalunterricht und er soll auch etwas kosten. Kultur sollte uns das wert sein – und zwar mehr, als sie der Gesellschaft momentan wert ist. Das möchte ich hier deutlich sagen: Es geht nicht darum, den Stundenlohn von Musiklehrern zu drücken, im Gegenteil. Aber müssen diese Kosten die Eltern allein stemmen? Sollte Kultur nicht für alle erfahrbar sein, gleichermaßen erreichbar, ohne dass der Geldbeutel oder der Bildungshintergrund der Eltern darüber entscheidet, wer den Zugang bekommt?

Ich verstehe Kultur als ein Gemeingut, etwas, das eine Gesellschaft zusammenhält. Kultur regt Diskussionen an, Kultur kann Missstände aufzeigen, ist eine der Säulen der Demokratie. Und wie die UN-Kinderrechtskonvention noch einmal hervorhebt: Kulturelle Teilhabe ist kein Luxus, sondern ein elementares Kinderrecht. Musik, Kunst, Sport sind gut für die Entwicklung der Persönlichkeit und des Körpers der Kinder. Wie wäre es, solche Angebote in den Schulen mit öffentlichen Geldern zu unterstützen? Das würde echte Chancengerechtigkeit bedeuten, denn so erhält jedes Kind die Möglichkeit zur künstlerischen und motorischen Entfaltung.

Ein guter Anfang, aber leider auch nicht mehr – Das Bildungs- und Teilhabepaket

Theoretisch ist dafür schon eine Lösung gefunden, denn seit 2011 gibt es das sogenannte Bildungs- und Teilhabepaket, das Kindern aus einkommensschwächeren Familien genau das ermöglichen soll: Eltern, die Grundsicherung, umgangssprachlich Hartz-IV, Wohngeld, Asylbewerberleistungen, Sozialhilfe oder Kinderzuschlag beziehen, können bei der Stadt oder Gemeinde diese Leistungen beantragen. Damit soll, so das Bundesfamilienministerium, Kindern die Möglichkeiten gegeben werden, »sich persönlich zu entfalten und am gesellschaftlichen Leben teilzunehmen«.

Abgesehen davon, dass Eltern erst einmal herausfinden müssen, wo in ihrer Kommune diese Leistung zu beantragen ist (nein, es ist nicht immer dieselbe Anlaufstelle und auch in einer Kommune gibt es unterschiedliche Anlaufstellen und Beantragungsarten), ist das Einreichen der Anträge nicht so einfach, wie man vermuten könnte. In einigen Kommunen wird direkt in der Einrichtung, also Schule oder Kita, über den Antrag der Eltern entschieden, in anderen wiederum im Jobcenter. Mal läuft es online und man kann alle Unterlagen herunterladen, mal muss man einen Termin vereinbaren und erhält dann auch erst die einzureichenden Unterlagen. Jede Gemeinde oder Stadt handhabt das anders. Manchmal gibt es Geldleistungen, andere geben Gutscheine aus. Das ist alles andere als übersichtlich. Und gerade, wenn man in der Kindertagesstätte oder Schule eine Leistung beantragen muss, ist dies oft mit Scham verbunden. Nicht jeder möchte seine Einkommensverhältnisse offenlegen, auch um die Kinder nicht bloßzustellen. Armut ist ein Stigma.

Vielleicht ist dies auch ein Grund dafür, dass die Fördermittel längst nicht bei allen Kindern und Jugendlichen ankommen, die einen Anspruch darauf hätten. So erhielten im Jahr 2020 nur 55 Prozent aller zwei Millionen Leistungsberechtigten unter 15 Jahren Mittel aus dem Bildungs- und Teilhabepaket, wie Recherchen des ARD-Magazins *Monitor* 2021 zeigten, bei denen Statistiken der Bundesagentur für Arbeit ausgewertet wurden. Ebenso wurde nur für 7,3 Prozent aller leistungsberechtigten Schüler ein eintägiger Schulausflug bezahlt und nur für 11,1 Prozent Nachhilfe. Leistungen für die »Teilhabe am sozialen und kulturellen Leben« wie Musikschule oder Sportverein bekamen lediglich 14,7 Prozent der bezugsberechtigten Kinder und Jugendlichen. Insgesamt wurden von der Bundesagentur für Arbeit im Jahr 2020 467 647 022

Euro ausgezahlt, aber diese Zahl umfasst nur das, was von den Jobcentern bezahlt wurde.

»Neben anderem war bei der Einführung der Bildungs- und Teilhabe-Leistungen ein Ziel, eine möglichst unbürokratische Gewährung der Leistungen zu gewährleisten. Um dies zu ermöglichen, können die Leistungen in Form von Gutscheinen oder Kartensystemen gewährt werden und die Abrechnung mit den Anbietern in pauschalierter Form erfolgen«, so die Pressestelle der Bundesagentur für Arbeit auf meine Anfrage. Eine genaue statistische Auskunft über die Inanspruchnahme könne durch dieses System nicht gegeben werden.

Aber ist die Frage, ob vorgesehene Leistungen die Menschen, die sie benötigen, auch erreichen, nicht eine statistische Erhebung wert? Sollte eine Evaluation der Frage, ob die vorgesehenen Mittel abgerufen werden, und falls nicht, aus welchen Gründen, nicht selbstverständlich sein? Sollte man diese Dinge nicht regelmäßig unter die Lupe nehmen, um die Regelungen gegebenenfalls anzupassen? Eine Evaluation würde auch die Defizite am Bildungs- und Teilhabepaket aufdecken. Dann müsste nachgebessert werden.

Wenn man einen Blick auf die Leistungen wirft, wird deutlich, dass das gut gemeinte Teilhabepaket bei Weitem nicht den Bedarf deckt. Bei Ausflügen und Klassenfahrten werden die tatsächlichen Kosten übernommen. Das ist etwas, das eindeutig positiv ist und viele Eltern von einer großen Last befreit. Wenn man liest, dass in Hessen eine Obergrenze für Klassenfahrten eingeführt wurde, nach der diese nun nicht mehr als 600 Euro (!) kosten dürfen, versteht man, wie groß die finanzielle Belastung für Familien an dieser Stelle oft ist. Ihnen hier unter die Arme zu greifen, ist sinnvoll und war längst überfällig. Auch bei der Schülerbeförderung werden tatsächliche Kosten übernommen. Für Nachhilfe und Essen in Kitas werden ebenfalls die tatsächlichen Kosten ersetzt, auch eine gute Maßnahme, die dafür sorgt, dass Kinder eine warme Mahlzeit am Tag erhalten.

So weit, so gut. Aber beim Schulbedarf erhalten Eltern durch das Bildungspaket ganze 156 Euro pro Schuljahr an Zuschuss. Viele wissen, dass das nicht die tatsächlichen Kosten deckt, wenn beispielsweise schon allein der Taschenrechner für den Matheunterricht an der weiterführenden Schule 100 Euro kosten soll (weil nur dieses eine bestimmte Modell geht, das der Lehrer vorschreibt). Bei meinen Söhnen fallen Anfang des Schuljahres meist um die 100 Euro nur für Arbeitshefte an, dazu kommen sechzig Euro »Kopierkosten«, die man Anfang des Schuljahres in der Schule abgeben muss. Weiter geht es mit Schreibheften, Stiften, Füller, Tintenpatronen, Geodreieck, Zirkel, Zeichenblöcken, Tuschekasten – aber bitte nur das Markenprodukt – und dicke Dreikantbuntstifte für die Schreibanfänger. Da ist schnell klar: Mit 156 Euro kommt man nicht weit.

Die Grenzen des Teilhabepaketes zeigen sich besonders deutlich, wenn man sich anschaut, was es als Zuschuss für Sport- oder Musikunterricht gibt: Für Sportvereine oder Musikschulen, also die »Teilnahme am sozialen und kulturellen Leben«, werden 15 Euro monatlich erstattet. Die Kosten eines Fußball- oder Turnvereins sind damit in den meisten Fällen gedeckt, aber wenn ein Kind eine Sportart wie Ballett oder Judo erlernen möchte, die üblicherweise nicht im Sportverein angeboten wird, sind 15 Euro im Monat knapp, geradezu unrealistisch.

Noch krasser zeigt sich die Unterfinanzierung beim Musikunterricht. Wer ein Kind hat, das Klavier, Geige, Gitarre oder ein anderes Instrument lernt, weiß, dass man mit 15 Euro nicht weit kommt, was wohl auch der Grund ist, weshalb diese Leistung nicht so oft abgerufen wird. Je nach Musikinstrument, Musikschule und Gruppen- oder Einzelunterricht kostet Instrumentalunterricht zwischen fünfzig und 100 Euro monatlich – den Preis für das Instrument noch nicht mit eingerechnet. Auch hier sollten Leihinstrumente zu günstigen Preisen oder kostenlos beispielsweise von den Schulen zur Verfügung gestellt werden, damit der Instrumentenpreis kein Kriterium ist, ob jemand Musik macht oder nicht.

Noch einmal zum Vergleich: Das seit vielen Jahren kritisierte Ehegattensplitting kostet den Staat jährlich 22 Milliarden Euro. Es gibt 13,75 unter 18-Jährige, davon sind 6,7 Millionen zwischen sechs und 14 Jahre, also dem typischen Alter, um ein Instrument zu erlernen. Diesen Kindern kostenlosen Musikunterricht für etwa 100 Euro monatlich zu ermöglichen, würde also acht Milliarden Euro pro Jahr kosten. Das ist deutlich günstiger als das Ehegattensplitting, es bliebe noch eine große Summe Geld über für andere Leistungen, die direkt den Kindern zugutekommen könnten.

»Es muss doch niemand ein Instrument lernen, da wird doch niemand zu gezwungen«, ist ein Argument, das man häufig hört. Nein, natürlich muss nicht jedes Kind ein Instrument lernen. Und natürlich ist es in Ordnung, wenn es das nicht möchte. Aber sehr wohl muss jedes Kind die Chance haben, es zu tun. Oder eine Sportart auszuüben. Jedes Kind muss die Chance haben, sich auszuprobieren, zu testen, was ihm gefällt, und sich zu entfalten auf dem Gebiet, das ihm liegt. Wenn man einen großen Teil der Kinder einfach ausschließt und ihnen diese Chance verwehrt, dann ist das das Gegenteil von Chancengerechtigkeit.

Papier ist geduldig – Chancengerechtigkeit in Theorie und Praxis

Die bereits genannten Punkte zeigen, dass in Deutschland Chancengerechtigkeit häufig nur eine Theorie ist. Denn immer noch hängt die Zukunft der Kinder zu sehr von ihrem familiären Hintergrund ab. Es ist das Elternhaus, das zu einem großen – zu großen! – Teil entscheidet, welchen Bildungs- und Berufsweg Kinder einschlagen. So zeigte die PISA-Studie 2018, die Schulleistungsstudie der OECD, deutlich, dass Kinder von Eltern mit hohen Bildungsabschlüssen häufiger selbst akademische Abschlüsse erreichen als Kinder von Nicht-Akademikern. Nur 15 Prozent der Studierenden, deren Eltern kein Abitur haben, erreichen in Deutschland einen akademischen Abschluss. Zum Vergleich: In Finnland sind es 34 Prozent, nachzulesen in derselben PISA-Studie. Kinder, deren Eltern selbst Abitur haben, erreichen deutlich häufiger diesen Abschluss. Dieser Zusammenhang ist nicht erst seit 2018 bekannt, seit vielen Jahren wird unermüdlich auf die unterschiedlichen Chancen von Schülern hingewiesen.

Was den Schulabschluss betrifft, ist ein weiterer Zusammenhang seit Jahren bekannt: Je besser dieser ausfällt, desto geringer ist die Gefahr, in Arbeitslosigkeit zu rutschen. Ein guter Schulabschluss ist also auch ein Schutz vor Arbeitslosigkeit und einem Verharren in Armut. Die schon zuvor zitierte Untersuchung der Bertelsmann Stiftung zeigt: Je geringer das Qualifikationsniveau der Eltern, umso wahrscheinlicher ist es, dass ein Kind in einem Haushalt lebt, in welchem das Einkommen dauerhaft nicht gesichert ist.[5]

Die Langzeitstudie des Frankfurter Instituts für Sozialarbeit und Sozialpädagogik im Auftrag der AWO, die 2019 veröffentlicht wurde, kommt zu ähnlichen Ergebnissen.[6] Demnach lebt jedes dritte Kind, das in einer einkommensarmen Familie aufwächst, auch zwanzig Jahre später noch in materieller Armut. Damit gelingt es im Umkehrschluss zwei Dritteln der Kinder, den Kreislauf der Armut zu durchbrechen.

Die Studie zeigte auch, dass die Jugendlichen erst mit dem Verlassen des Elternhauses der Einkommensarmut entkommen. Dabei spielt es laut der Studie eine wichtige Rolle, ob die Ausbildung erfolgreich abgeschlossen wird und ob es Hilfen außerhalb der Familie gibt, was deutlich macht, wie wichtig Chancengerechtigkeit, Schule und Fördermaßnahmen sind, die außerhalb des Elternhauses ansetzen. Übrigens kommen Kinder, die nicht in einkommensarmen Familien aufwachsen, auch im späteren Leben kaum mit Armut in Berührung: Siebzig Prozent von ihnen haben, so die AWO-Untersuchung, zu keinem Zeitpunkt materielle Not erlebt.

Durch die Schulpflicht sorgt der Staat dafür, dass Kinder zur Schule gehen müssen. Aber wie kann es dann sein, dass es die Gesellschaft so wenig kümmert, dass im Jahr 2021 mehr als 100 000 Kinder die Schule ohne Abschluss verlassen haben?[7] Dabei ist Chancengerechtigkeit einer der Schlüssel, um den Kreislauf der Armut zu durchbrechen und zu verhindern, dass ganze Generationen einer Familie in Armut leben. Jedes Kind hat ein Anrecht darauf, einen Beruf zu ergreifen, der zu seinen Fähigkeiten und Vorstellungen passt. Das sollten die Entscheidungskriterien für die Berufswahl sein, nicht das Einkommen oder der Bildungsstand der Eltern.

Übrigens sehen auch Jugendliche das mit der Chancengerechtigkeit skeptisch. So zeigte eine repräsentative Umfrage der SOS-Kinderdörfer, des Stifterverbands und der Deutschen Kinder- und Jugendstiftung im Dezember 2021, dass die Mehrheit (59 Prozent) der befragten Jugendlichen nicht glaubt, dass alle Kinder unabhängig von ihrer sozialen und kulturellen Herkunft die gleichen Chancen auf gute Bildung haben.[8] Die Zweifel an der Chancengerechtigkeit seien damit sogar noch gestiegen, so die Initiatoren der Umfrage: 2015 haben dies nur 51 Prozent der Befragten geantwortet. Dabei hat sich das Familienministerium »gleiche Chancen für alle Kinder« auf seine Fahnen geschrieben und das als eines der Ziele bis 2030 ausgerufen. Doch für echte Chancengerechtigkeit müssen sich die Strukturen ändern. Zudem muss die Kinderarmut bekämpft werden. Sie ist nämlich das größte Risiko für Bildungs- und Teilhabechancen.

Veränderte Sozialstrukturen – Von Altersarmut zu Kinderarmut

Auf den ersten Blick scheint die finanzielle Situation von Familien gar nicht so schlecht zu sein: Laut Familienreport 2020 des Bundesfamilienministeriums hat rund die Hälfte aller Familien ein Haushaltsnettoeinkommen von mindestens 45 000 Euro im Jahr. Aber: Jedes fünfte Kind in Deutschland lebt in Armut, das hat das Statistische Bundesamt erfasst.

Die Betroffenen kommen nicht alle aus Familien mit Grundsicherungsbezug: Die Zahl der Kinder, die auf Hartz-IV-Leistungen angewiesen ist, sank in den vergangenen Jahren leicht von 13,2 Prozent in 2010 auf 12,9 Prozent in 2019. Aber aus dieser Tatsache abzuleiten, dass die Kinderarmut abnehme, ist leider falsch. Denn im Gegenzug stieg die Einkommensarmut von 18,2 Prozent in 2010 auf 20,5 Prozent in 2019. In absoluten Zahlen: 2,8 Millionen Kinder und Jugendliche wachsen in Armut auf, so die Daten des Statistischen Bundesamtes. Das sind mehr als alle Einwohner von Hamburg und Köln zusammengenommen.[9]

Um einordnen zu können, was es heißt, wenn wir von Armut sprechen: Armut wird in Deutschland wie auch in anderen entwickelten Ländern in Relation zum Reichtum der Gesamtgesellschaft gesehen. Dabei werden die Einkommen betrachtet. Im Allgemeinen spricht man daher hierzulande von Armut, wenn das Einkommen unterhalb von sechzig Prozent des Medianeinkommens aller Haushalte liegt. 2019 lag die nominelle Einkommensschwelle für eine alleinlebende erwachsene Person bei 1 074 Euro Monatseinkommen, bei einem Paar mit zwei Kindern unter 14 Jahren bei 2 256 Euro, bei Alleinerziehenden mit zwei Kindern unter 14 Jahren bei 1 718 Euro.[10]

Der Volkswirt Richard Hauser sprach schon Ende der 1980er-Jahre davon, dass sich eine »Infantilisierung« der Armut abzeichne. Was das bedeutet? Dass sich das Gesicht der Armut verändert. Waren es nach dem Zweiten Weltkrieg vor allem Ruheständler, die besonders betroffen waren, sind es heute Kinder und Jugendliche. Die Sozialstrukturen der Armut haben sich verschoben, der Anteil der Menschen unter 18 Jahren ist unter den einkommensarmen Personen in den letzten Jahren gewachsen. Um das deutlich zu machen: Ungefähr zwanzig Prozent der Kinder und Jugendlichen leben in Armut. Auf die Gesamtbevölkerung bezogen sind das 18 Prozent aller Menschen. Unter 18-Jährige trifft es also stärker. Doch noch immer wird sowohl in der Politik als auch in der öffentlichen Darstellung und den Medienberichten der Schwerpunkt auf Altersarmut gelegt.

Konzentriert ist Kinderarmut übrigens auf zwei bestimmte Familientypen: Alleinerziehende sowie kinderreiche Familien mit drei und mehr Kindern.[11] Je mehr Kinder, umso größer das Risiko – womit wir also wieder bei dem bereits beschriebenen »Kinder als Armutsfaktor« sind. Schon zuvor wurde deutlich, dass das auch strukturelle und steuerpolitische Gründe hat. Gründe, die die Politik vorgibt, die sich also ändern ließen.

Es gibt einen wichtigen Unterschied zwischen Kinder- und Erwachsenenarmut. Kinderarmut ist vor allem Familienarmut. Die soziale Lage des Elternhauses entscheidet also darüber, wie die soziale Lage des Kindes ist. Erwachsene haben dagegen die

Möglichkeit, auf ihre soziale Lage einzuwirken. Kinder nicht. Deshalb dürfen wir Kinder auch nicht zurücklassen. Es darf nicht sein, dass wir sie ausgrenzen. Es kann nicht sein, dass wir ihnen Teilhabe und Bildungschancen versagen. Und es kann einfach nicht sein, dass wir sie in diesem generationenübergreifenden Kreislauf aus Armut alleinlassen.

Wie Kinder Armut erleben und wie sie ihr Leben beeinflusst

Kinder bekommen es zu spüren, wenn ihre Familie arm ist. Sie merken es, wenn ihnen weniger Geld zur Verfügung steht als anderen, zum Beispiel, weil sie die teure Markenjeans nicht bekommen. Sie merken es, wenn der Vater beim Eiskaufen auf seines verzichtet, wenn sie als Einzige in der Klasse mal wieder nicht in den Urlaub gefahren sind. Ihnen fällt auf, dass andere Kinder am Wochenende in den Zoo oder Freizeitpark fahren, während sie das nur einmal im Jahr mit ihren Eltern erleben – wenn überhaupt. Es ist ihnen nicht egal, wenn sie die Schuhe der großen Geschwister auftragen müssen. Und natürlich geht es nicht an ihnen vorbei, dass sie nicht am Schüleraustausch teilnehmen können, weil in ihrer Zweizimmerwohnung einfach kein Platz ist für einen Gastschüler. Kinder und Jugendliche wissen, was es heißt, wenn man sparen muss. Und das belastet sie auch emotional.

So zeigte die bereits zitierte Studie Children's Worlds+ der Frankfurter Kindheitsforscherin Sabine Andresen, dass sich mehr als die Hälfte aller Kinder und Jugendlichen Sorgen um die finanzielle Situation zu Hause machen. Diese Kinder haben häufiger das Gefühl, ausgegrenzt zu sein, und machen häufiger Gewalterfahrungen. »Geld wird mit persönlichen Handlungsspielräumen verbunden«, schreibt die Autorin der Studie.

Auch die Bundesregierung definiert Armut als »einen Mangel an Verwirklichungschancen«. So schreibt sie im zweiten Armuts- und Reichtumsbericht: »Armut im Sinne sozialer Ausgrenzung und nicht gewährleisteter Teilhabe liegt dann vor, wenn die gesellschaftlich bedingten Chancen und Handlungsspielräume von Personen in gravierender Weise eingeschränkt und gleichberechtigte Teilhabechancen an den Aktivitäten und Lebensbedingungen der Gesellschaft ausgeschlossen sind. (…) Armut bezieht sich demnach auf die Ungleichheit von Lebensbedingungen und -chancen sowie auf die Ausgrenzung von einem gesellschaftlich akzeptierten Lebensstandard.«[12]

»Den letzten Wandertag machte meine Klasse in den Tierpark. Aber weil der Monat gerade zu Ende war, hatte meine Mutter kein Geld mehr für den Eintritt, und ich musste dann so tun, als ob ich krank sei und zu Hause bleiben«, erzählt mir ein Neunjähriger aus Berlin, dessen Mutter alleinerziehend und Floristin ist. Sie verdient zu viel, um das Geld durch das Teilhabepaket erstattet zu bekommen, sagt sie, aber am Monatsende bleibt eben kaum noch etwas über.

Ein sechsjähriges Mädchen berichtete, dass sie nicht zum Geburtstag ihrer Freundin gehen konnte, weil ihre Eltern nicht genug Geld für das Geschenk hatten. Ihren eigenen Geburtstag hat sie auch noch nie gefeiert: »Wir haben zu wenig Platz in unserer Wohnung für eine Party.« Sie lebt mit ihren Eltern, die Grundsicherung beziehen, und ihren beiden großen Brüdern in einer Dreizimmerwohnung in Hamburg-Wandsbek. Eine 14-Jährige schreibt mir, dass sie begonnen hat, nach der Schule Werbeprospekte auszutragen, da sie auf neue Sneakers spart: »Meine Mutter möchte, dass ich die alten Schuhe von meinem Bruder trage, aber damit würden mich in meiner Klasse alle auslachen.« Ihr Vater arbeitet als Lagerarbeiter, ihre Mutter ist Hausfrau. Sie seien nicht direkt arm, meint die Mutter im Interview, aber für

Markenkleidung reiche das Geld vorne und hinten nicht und auch ein Urlaub war schon vier Jahre lang nicht mehr drin.

Kinder, die in Familien mit nur geringen Einkommen leben, wachsen mit dem Gefühl der Sorge auf. Denn wie der Familienreport 2020 zeigt, empfinden die meisten Eltern mit geringem Einkommen ihre finanzielle Situation als belastend. Sie geben an, dass sie sich bei jeder Ausgabe überlegen, ob diese wirklich notwendig ist und wie sie vermieden werden kann. Die Angst vor unvorhergesehenen Ausgaben begleite sie permanent und schlage sich auch in einem Gefühl der Perspektivlosigkeit nieder, so der Familienreport.[13]

Verschiedene Studien haben in den vergangenen Jahren gezeigt, dass Armut Kinder in ihrer Entwicklung und Entfaltung begrenzt, sie beschämt und ihr Leben bestimmt und prägt. So haben Kinder aus Haushalten mit wenig Einkommen seltener einen ruhigen Rückzugsort bei sich zu Hause, seltener einen Computer mit Internetzugang im Haus (was das für die Bildungschancen bedeutet, zeigte die Coronapandemie in ihrer ganzen Härte), können seltener mit Freunden ins Kino gehen oder Eis essen, seltener an Schulausflügen oder Klassenfahrten teilnehmen, schämen sich häufiger, wenn sie andere Kinder zu sich nach Hause einladen.

Die Hälfte der Familien mit Hartz-IV-Bezug besitzt kein Auto, mehr als zwei Drittel von ihnen fährt aus finanziellen Gründen nicht in den Urlaub. Jedes fünfte Kind, dessen Eltern Grundsicherung beziehen, erhält kein Taschengeld, hat also kein eigenes Geld zur Verfügung. Ein Viertel der Kinder aus diesen Familien kann sich nur selten neue Kleidung kaufen. Fast siebzig Prozent aller unter 18-Jährigen mit dauerhaften Armutserfahrungen sagen, dass sie wegen Geldmangel nicht der Freizeitbeschäftigungen nachgehen können, der sie gerne nachgehen würden.

Doch Armut hat auch noch andere Folgen für das Aufwachsen von Kindern und Jugendlichen, die nicht minder gravierend sind. So neigen die Betroffenen stärker zu riskantem Gesundheitsverhalten wie Bewegungsmangel oder Rauchen, leiden häufiger unter sozialen und psychischen Belastungen, wiederholen häufiger eine Klasse, haben häufiger schlechte Noten, erhalten bei gleichen Noten seltener eine Gymnasialempfehlung, gehen seltener einer ehrenamtlichen oder politischen Tätigkeit nach.[14] Diese Zahlen zeigen deutlich, wie sehr Armut die freie Entfaltung von Kindern beeinträchtigt. Wir erinnern uns: Das ist aber ein Kinderrecht!

»Das hat doch eh keinen Zweck …« – Was Armut bei Kindern bewirkt

Wenn die Schere zwischen Arm und Reich immer weiter aufgeht, trifft es vor allem die Kinder. Die Coronapandemie hat die Unterschiede noch einmal deutlich verschärft und sichtbar werden lassen, denn Quarantäne oder Lockdown treffen die härter, die keinen Garten haben, um die Kinder trotz Isolation mal eben zum Auslüften rauszulassen. Sie treffen die härter, die kein eigenes Zimmer haben, in das man sich in die Quarantäne zurückziehen kann, sondern 14 Tage rund um die Uhr ohne Fluchtmöglichkeit mit der gesamten Familie in der Wohnung bleiben müssen. Wenn Kinder mit dem Gefühl des Mangels aufwachsen, wenn sie von klein auf verinnerlichen, dass sie sich nicht alles leisten können, nicht alles mitmachen können und nicht dazugehören, dann macht das etwas mit ihren Seelen.

Wie können wir es zulassen, dass es diese Unterschiede gibt? Wie können wir es zulassen, dass die Lebenswege vieler Kinder vorgezeichnet scheinen? Dass es Familien gibt, die über Generationen in Armut leben, abgeschnitten von der Teilhabe am sozialen und kulturellen Leben? Wie können wir es in einem so reichen

Land wie Deutschland geschehen lassen, dass sich der Graben zwischen Arm und Reich immer weiter auftut und schon für die Kleinsten in der Gesellschaft so deutlich spürbar ist?

Alle Kinder haben dieselben Chancen auf ein gutes Aufwachsen verdient und darauf, aus ihrem Leben das zu machen, was sie sich wünschen. Eine kinderfreundliche Gesellschaft lässt kein Kind zurück. Eine Gesellschaft, die das Wohl der Kinder in den Mittelpunkt ihrer Entscheidungen stellt, hat alle im Blick, unabhängig von ihrer Herkunft. Kinderarmut zu bekämpfen heißt auch, für eben diese Chancengerechtigkeit zu sorgen. Das ist übrigens auch in der UN-Kinderrechtskonvention verankert, wonach alle Kinder das Recht auf ein gutes Aufwachsen, bestmögliche Entwicklungschancen und soziale Sicherheit haben (Artikel 26 und 27). Durch das Ratifizieren der Kinderrechtskonvention hat sich Deutschland also eigentlich verpflichtet, dafür zu sorgen, dass diese Rechte umgesetzt werden.

Wenn man Kinder befragt, dann wird klar, dass Armut ein Thema ist, dass sie bewegt, egal, wie einkommensstark ihre Familie ist. Eine Umfrage aus dem Jahr 2021 der Kinderzeitschrift *Zeit Leo* listet auf die Frage, welche Themen die Politik als Erstes anpacken sollte, folgende Antworten der Kinder auf:

1. dass die Eltern mehr Zeit für die Kinder haben;
2. dass sich Kinder zu Hause und in ihrer Umgebung sicher fühlen;
3. dass die Politik armen Kindern hilft.

Das zeigt: Kinder haben ein Problembewusstsein und einen ausgeprägten Gerechtigkeitssinn.

Auch Eltern schätzen die soziale Durchlässigkeit der Gesellschaft nicht unbedingt als gut ein. Dem Familienreport 2020 des Bundesfamilienministeriums zufolge ist fast die Hälfte der Familien mit niedrigem sozioökonomischem Status der Meinung, dass die Aufstiegschancen für Arbeiterkinder eher weniger gut oder gar nicht gut aussehen. Von den Eltern mit mittlerem oder hohem Status teilten nur 25 bis 27 Prozent diese Ansicht. Auch eine andere Zahl zeigt die Perspektivlosigkeit der Eltern mit einem geringeren Einkommen: 41 Prozent von ihnen sind der Meinung, dass die Gesellschaft in ein »Oben« und »Unten« eingeteilt ist und auch durch große Anstrengung kein Aufstieg der »Unteren« möglich ist.[15]

Aus diesen Zahlen lässt sich nicht nur Hoffnungslosigkeit, sondern auch eine gewisse Resignation herauslesen: »Es lohnt sich nicht, etwas zu tun, denn es wird sich sowieso nichts ändern.« Was macht es mit unseren Kindern, wenn sie mit dieser Haltung aufwachsen? Wie können wir die Armutsspirale durchbrechen?

Schritte auf dem Weg zu mehr Chancengleichheit und weniger Kinderarmut

Um zu sehen, was sich grundlegend ändern muss, damit sich Kinderarmut in Deutschland deutlich verringert, lohnt sich – wieder einmal – der Blick nach Skandinavien. Dort findet man die geringsten Armutsquoten unter Kindern in Europa. So liegt sie in Dänemark bei 14,5 Prozent, in Finnland bei 15,6 Prozent und in Schweden bei 16,7 Prozent.[16] Unsere Nachbarländer im Norden sind für ihr durchlässiges Schulsystem bekannt, in dem Kinder lange gemeinsam lernen, aber genauso für eine sehr gut ausgebaute und flächendeckende Kinderbetreuung. Verschiedene Studien haben gezeigt, dass eine gute Betreuung sich auch schon bei unter Dreijährigen positiv auf die Entwicklung auswirkt, gerade bei Kindern aus einkommensschwächeren Familien.

An den Stellschrauben für eine chancengerechtere Bildung muss schon in den frühen Kindheitsjahren gedreht werden. Denn der Graben zwischen Kindern aus ärmeren und reicheren Elternhäusern klafft schon viel früher auseinander – bereits, bevor die Kinder in die Schule gehen. Das empfahl übrigens die Nationale Akademie der Wissenschaften Leopoldina bereits im Jahr 2014 und begründete es folgendermaßen: »Später korrigierende Maßnahmen sind nicht unwirksam, aber um ein Vielfaches aufwendiger, für das Individuum anstrengender und für die Gesellschaft teurer.«[17]

Die größten Unterschiede entstehen, so zeigte das Nationale Bildungspanel, während der ersten sechs Lebensjahre, was sich unter anderem auf die Interaktion zwischen Eltern und Kindern zurückführen lässt.[18] So sprechen Eltern aus der Mittel- und Oberschicht deutlich häufiger mit ihren Kindern in grammatikalisch anspruchsvolleren Sätzen und mit einem größeren Vokabular. Außerdem singen sie häufiger mit ihnen oder beziehen sie in den Alltag mit ein und erklären ihr eigenes Tun.

Kinder aus Arbeiterfamilien, so das Nationale Bildungspanel, sind deutlich mehr auf sich selbst gestellt. Die Studie *Early Catastrophe* der US-Forscher Betty Hart und Todd Risley zeigt, welche Auswirkungen das auf die Kinder hat.[19] Die beiden machten sich die Mühe und zählten die Wörter, die Kinder in verschiedenen Milieus in ihren ersten Lebensjahren zu hören bekamen. Bei Kindern aus weniger gebildeten Familien waren es zehn bis 15 Millionen Wörter, bei Kindern aus Akademikerfamilien 45 Millionen Wörter. Das wirkt sich auf den Wortschatz aus. Ein Kind aus einer höheren Schicht kennt mit drei Jahren 1000 Wörter, ein Kind aus einer niedrigeren Schicht nur die Hälfte.

Man muss also bei der frühkindlichen Bildung ansetzen, um von Anfang an für Chancengerechtigkeit zu sorgen. Eine Maßnahme wäre, Eltern dazu zu motivieren, ihre Kinder früher in den Kindergarten zu bringen, auch wenn sie selbst nicht arbeiten. Das muss nun nicht so weit gehen wie in Dänemark, wo für Kinder aus sozialen Brennpunkten der Kitabesuch ab einem Jahr als verpflichtend eingeführt wurde. Aber wie wäre es, den Kitabesuch ab drei Jahren oder zumindest im letzten Jahr vor der Schule verpflichtend zu machen, um alle Kinder zu erreichen? So gibt es bereits Kommunen, in denen einkommensschwache Eltern einen Bonus von 500 Euro bekommen, wenn sie ihr Kind ab dem dritten Lebensjahr im Kindergarten anmelden.

Warum das bisher so viele Eltern nicht tun, erklärt sich daraus, dass die Gebühren in vielen Kommunen mehrere hundert Euro monatlich betragen – das schreckt nicht nur einkommensschwächere Familien ab, ihre Kinder im Kindergarten anzumelden, sondern ist auch für Familien mit etwas mehr Einkommen ein Argument, das Kind vielleicht doch noch ein weiteres Jahr zu Hause zu betreuen.

Auch Erziehungskurse sowie Familienhebammen, die über das Wochenbett hinaus die jungen Eltern begleiten, oder Familienzentren mit niedrigschwelligen Angeboten in sozialen Brennpunkten erreichen Familien direkt in ihrer sozialen Umgebung. Dabei geht es nicht nur um frühkindliche Bildung. Auch einer anderen Chancenungerechtigkeit kann damit Abhilfe geschaffen werden: Wie beschrieben haben Kinder aus einkommensschwächeren Familien häufiger Gesundheitsprobleme. Generell haben Menschen mit niedrigen Einkommen eine geringere Lebenserwartung, auch bestimmte Krankheiten kommen bei ihnen häufiger vor. So zeigt das Sozioökonomische Panel, eine Untersuchung des Robert Koch Instituts, dass ein Mann, der von weniger als 900 Euro Einkommen im Monat lebt, im Durchschnitt 8,6 Jahre früher stirbt als jemand, der 2250 Euro im Monat zur Verfügung hat.[20]

Kochkurse in Schulen oder die verstärkte Beschäftigung mit gesunder Lebensweise im Unterricht erreichen alle Kinder und über sie als Multiplikatoren auch die Eltern. Diese Themen kann man bereits im Kindergarten mit einbeziehen und so über Elternabende die Eltern ansprechen. Ein weiterer Schritt wäre, das Mittagessen in Schule und Kindergarten kostenlos für alle anzubieten, sodass jeder eine warme Mahlzeit am Tag erhält und keine Extraanträge über das bereits erwähnte Bildungs- und Teilhabepaket gestellt werden müssen, was manche Eltern aus Scham nicht tun.

Um die Chancengerechtigkeit nicht nur in den jüngeren Jahren zu verbessern, wäre ein weiterer Punkt eine Überarbeitung des Bundesausbildungsförderungsgesetzes, kurz BAföG genannt. Die Unterstützung für Studierende, die es übrigens auch für Schüler gibt, wurde vor mehr als fünfzig Jahren eingeführt, damit auch junge Erwachsene aus einkommensschwächeren Elternhäusern einen akademischen Abschluss erlangen können. Aus einem anfänglichen Vollzuschuss wurde ein Teilzuschuss, von dem die Studierenden nach dem Studium wiederum einen Teil in einem bestimmten Zeitraum zurückzahlen müssen. Doch das BAföG steht immer wieder in der Kritik.

So mahnte 2019 eine Studie des Forschungsinstituts für Bildungs- und Sozialökonomie im Auftrag des Deutschen Studentenwerks eine Reform dieser Förderung an. Der Studie zufolge hat sich die Zahl der BAföG-Beziehenden in den vergangenen Jahren weiter verringert, von 670 000 im Jahr 2012 auf 465 000 im Jahr 2020. Der Höchstsatz der Unterstützung liegt bei 861 Euro für Studierende und 831 Euro für Schüler. Die Höhe des BAföGs hängt dabei vom Einkommen der Eltern ab. Den Höchstsatz bekommen Studierende, deren Eltern zusammen ein Nettojahreseinkommen unter 20 500 Euro haben. Ab einem Elternbruttoeinkommen von 60 000 Euro erhalten Studierende übrigens in der Regel keine BAföG-Leistungen mehr. Mehr als die Hälfte aller Studierenden stellt in Deutschland gar nicht erst einen Antrag, ein Viertel davon aus Angst, sich zu verschulden, da wie erwähnt ein Teil nach dem Studium zurückgezahlt werden muss.[21]

Schaut man sich die soziale Herkunft der Studierenden an, stellt man fest, dass von mehr als der Hälfte mindestens ein Elternteil einen Hochschulabschluss hat, wie die 21. Sozialerhebung des Deutschen Studentenwerks 2017 ergab. Nicht einmal zehn Prozent haben Eltern mit einem Hauptschulabschluss. Das zeigt, dass das Ziel, durch das BAföG für mehr Chancengerechtigkeit zu sorgen, nicht erreicht worden ist. Wie es anders gehen kann, lässt sich in Dänemark beobachten, wo Studierende Anspruch auf ein elternunabhängiges BAföG von umgerechnet etwas mehr als 800 Euro im Monat haben, das zudem nicht zurückgezahlt werden muss. Es ist keine Überraschung, dass dort achtzig Prozent aller Studierenden das BAföG in Anspruch nehmen, während es in Deutschland nur zwanzig Prozent sind.

Ein weiterer Schlüssel, um die Kinderarmut zu bekämpfen, ist die Verbesserung der Vereinbarkeit von Familie und Beruf. Denn ob die Mutter arbeitet, steht in einem engen Zusammenhang mit der Armutssituation der Kinder, das hat eine Untersuchung des Instituts für Arbeitsmarkt- und Berufsforschung ergeben: Wenn die Mütter arbeitslos, in Elternzeit oder Hausfrau sind, dann befinden sich Kinder mit einer höheren Wahrscheinlichkeit in finanziell nicht gesicherten Situationen.[22]

Auch der Familienreport 2020 des Bundesfamilienministeriums zeigt den Zusammenhang auf, dass eine existenzsichernde Erwerbstätigkeit beider Elternteile der beste Schutz vor Familienarmut ist. Bei rund 45 Prozent der armutsgefährdeten Kinder geht dem Familienreport zufolge kein Elternteil im Haus einer Erwerbstätigkeit nach.[23] Das zeigt, wie wichtig es ist, Müttern den Wiedereinstieg nach der Elternzeit zu erleichtern – auch, indem man die Betreuungssituation für Kinder verbessert, wie ich bereits ausgeführt habe. Dies hat nicht nur Einfluss auf die Erwerbsbiografie der Mutter, sondern auch direkt auf die Lebenssituation der Kinder und ihre Teilhabechancen. Der Zusammenhang liegt auf der Hand: Je mehr eine Mutter arbeiten kann, umso höher liegt das Haushaltseinkommen und umso größer ist auch die Wahrscheinlichkeit, dass die Familie nicht mehr auf Sozialtransferleistungen angewiesen ist.

Ein weiterer Punkt, der für mehr Chancengerechtigkeit sorgt, ist eine Anpassung des Kindergeld-Systems. So schlagen Sozialverbände zum Beispiel eine Kindergrundsicherung vor, die kindbezogene Leistungen bündelt und das bisherige System aus Kindergeld und Kinderfreibetrag ablöst, das, wie bereits ausgeführt, Familien mit weniger und gar keinem Einkommen benachteiligt. Dieser Ansatz wurde in den Koalitionsvertrag aufgenommen, nach den Plänen der Regierung soll diese Kindergrundsicherung aus einem festen Sockelbetrag bestehen, den alle Familien erhalten, und einem einkommensabhängigen Zusatzbetrag, der mit steigendem Einkommen der Eltern abgeschmolzen und automatisch berechnet wird.

Die damalige Grünen-Familienministerin Anne Spiegel sprach im Januar 2022 in einem Interview mit der Deutschen Presseagentur von einem »Paradigmenwechsel« und sagte, die neue Leistung würde vielen Familien einen Mehrwert gegenüber bisherigen Leistungen bringen. Familien sollen das Geld unbürokratisch ab der Geburt überwiesen bekommen und »nicht mehr für jede Leistung einen einzelnen Antrag stellen müssen«. Das bisherige System sei, so die Familienministerin, »ein Dschungel an familienpolitischen Leistungen, bei dem keiner mehr durchblickt«.[24] Es scheint, als habe die neue Regierung manche Probleme erkannt – nun gilt es, die angekündigten Änderungen konsequent umzusetzen. Denn wenn wir es schaffen, für mehr Chancengerechtigkeit zu sorgen, profitieren am Ende alle davon.

Wenn Kinder zu haben zur Privatsache degradiert wird, dann wird auch als Privatsache abgetan, dass Kinder und Familien in Armut leben. Es ist jedoch eine gesamtgesellschaftliche Aufgabe,

Armut zu bekämpfen. Da diese oft »vererbt« wird, ist es naheliegend, sich besonders auf die Kinderarmut zu fokussieren. Wenn wir die Zukunftschancen unserer Kinder verbessern, ihnen eine Perspektive geben, dann verbessert sich nicht nur der Wohlstand der Familien.

So belegte schon eine Studie des Instituts der deutschen Wirtschaft im Jahr 2007 positive Auswirkungen familienfreundlicher Maßnahmen auf das Wirtschaftswachstum. Das Gutachten wurde im Auftrag des Bundesfamilienministeriums erstellt.[25] Demnach könnte eine nachhaltige Familienpolitik das wirtschaftliche Wachstum eines Landes um 0,5 Prozentpunkte pro Jahr anheben – das bedeutet eine jährliche Rendite in zweistelliger Milliardenhöhe. Weitere volkswirtschaftliche Rendite im dreistelligen Milliardenbereich könnte eine verstärkte Initiative von Unternehmen zur besseren Vereinbarkeit von Beruf und Familie bringen, so die Volkswirtschaftler, die damals bereits eine Weiterentwicklung des Elterngeldes, den Ausbau der Kindertagesbetreuung, die Absetzbarkeit von Betreuungskosten und zusätzliche familienunterstützende Dienstleistungen forderten.

Es hat sich einiges getan seitdem. Aber wir sind längst noch nicht am Ende aller Möglichkeiten und der Umsetzung der Ziele angelangt.

7
Kinderfreundlichkeit – Mehr Lebensqualität für alle

Wenn wir als Gesellschaft, als Land zukunftsfähig bleiben wollen, dann müssen wir Kinder mehr in den Fokus der politischen Entscheidungen rücken. Wir können es uns nicht erlauben, die Interessen der Kinder und Jugendlichen zu ignorieren oder gar zu vergessen. Sie sind es, die einmal in dieser Welt leben und für die Fehler der heutigen Generation zahlen werden: Sie werden die Rentenlücken schließen, die Folgen des Klimawandels ertragen, die Schulden des Staatshaushalts bewältigen müssen. Sie werden einmal diejenigen sein, die sich um uns kümmern, wenn wir alt sind, die mit ihren Steuern dafür sorgen, dass die Schlaglöcher auf den Straßen repariert werden und mit ihren Krankenkassenbeiträgen unsere künstlichen Hüften finanzieren.

Wenn wir wollen, dass auch die zukünftigen Generationen noch gut auf dieser Erde leben können, müssen wir in all unserem Handeln an eben diese zukünftigen Generationen denken. Wir wissen – selbst wenn wir das gerne verdrängen –, dass wir uns diesen Lebensstil, diese Verschwendung von Ressourcen nicht mehr erlauben können. Schon heute lebt die Menschheit über ihre Verhältnisse, schon heute zerstört unsere Konsumsucht die Lebensgrundlagen unserer Kinder. Nachhaltigkeit beinhaltet, dass wir die Lebensumstände dieser nachfolgenden Generationen optimal gestalten – also dafür sorgen, dass die Lebensqualität auch in Zukunft hoch bleibt oder sich steigert. Deshalb sind Investitionen in Kinder auch immer Teil einer nachhaltigen Politik.

Im Umkehrschluss: Nachhaltige Politik muss kindorientiert sein. Stellen wir uns doch einmal eine Gesellschaft vor, in der alle Kinder, egal unter welchen Umständen sie aufwachsen, die gleichen Chancen und die Wahl haben, welchen Beruf sie einmal ergreifen wollen. Stellen wir uns vor, alle Kindergärten sind gleich gut ausgestattet, egal, ob sie sich in betuchten Vierteln oder an sozialen Brennpunkten befinden. Die Kinder können dort kostenlos Musikstunden nehmen und Sport machen – und an der Schule in der Ganztagsbetreuung ein Instrument lernen oder in die Kletterhalle gehen, ohne dass der Geldbeutel der Eltern darüber entscheidet, ob das möglich ist oder nicht.

Wer Probleme im Unterricht hat, bekommt kostenlose Nachhilfe, Schulmaterialien werden gestellt und die Schülervertretung hat wirklich etwas zu sagen. Die Schulen werden zu offenen Räumen, wo sich die Kinder und Jugendlichen nachmittags treffen und sich in Theater-AGs, Kreativkursen und Debattierclubs ausprobieren können. Sollte das nicht mehr als nur eine Vision sein?

Eine kindorientierte Politik sorgt für mehr Chancengerechtigkeit, indem sie Kreisläufe der Armut durchbricht und familienpolitische Leistungen so bündelt, dass alle Kinder erreicht werden, unabhängig vom Einkommen und der sozialen Herkunft der Eltern. Durch den Ausbau von Ganztagsschulen, einer besseren Ausstattung von Kindergärten und Investitionen in Bildung ermöglichen wir allen die Teilhabe an Bildungsangeboten, an Kultur, und geben ihnen so die Möglichkeit, sich selbst zu entfalten und sich zu entwickeln, wie es am besten zu ihnen passt. Durch eine bessere Bildung sind Kinder weniger anfällig für Extremismus und Verschwörungsideologien, sie lernen früh, sich ihre eigene Meinung zu bilden. Partizipation von klein auf zeigt Kindern lebendig, wie Demokratie funktioniert, und gibt ihnen ein Gefühl von Selbstwirksamkeit.

Um das alles Wirklichkeit werden zu lassen, wäre der erste Schritt hin zu mehr Zukunftsfähigkeit die Verankerung der Kinderrechte in der Verfassung – mit dem Zusatz »vorrangig«. Denn dann sind Diskriminierungen im Baurecht, im Straßenverkehrsrecht, in Lärmschutzverordnungen und auch in Bereichen wie Bildungs- und Umweltpolitik einklagbar. Dann kann man nicht mehr über die Meinung von Kindern hinweggehen.

Wenn wir das Wohl der Kinder vorrangig in gesellschaftliche und politische Entscheidungen einbeziehen, ergibt sich daraus der notwendige zweite Schritt: die Herabsetzung des Wahlalters. Das ist die logische Konsequenz aus dem Recht auf Partizipation, das in der UN-Kinderrechtskonvention festgehalten ist. Wir haben bereits gesehen, dass ein herabgesetztes Wahlalter die Altersverteilung in den verschiedenen Wählergruppen zugunsten der Jüngeren verschieben würde. Optimal und gerecht wäre ein Familienwahlrecht, bei dem wirklich jedem Menschen eine Stimme zugesprochen wird. Dieser Schritt würde die Politik zwingen, mehr auf die Bedürfnisse von Familien, insbesondere Kindern und Jugendlichen einzugehen und langfristiger zu entscheiden und zu planen. Denn dann rücken Themen wie Umweltschutz und Generationengerechtigkeit im Rentensystem stärker in den Fokus.

Kinderfreundlichkeit sorgt für eine bessere Work-Life-Balance für alle

Obwohl seit Jahren von Unternehmen viel darüber zu hören ist, dass Vereinbarkeit von Beruf und Familie ernst genommen werde, präsentiert sich die Arbeitswelt in der Realität allzu oft noch immer kinderfeindlich. Gibt es wirklich keine anderen Möglichkeiten für Meetings als die Nachmittagsstunden? Würden wir nicht alle davon profitieren, wenn derartige Termine grundsätzlich nur noch vormittags angesetzt würden, wie es bei einigen Arbeitgebern bereits der Fall ist? Wäre es nicht für alle hilfreich, Feierabend machen zu können, wenn die Arbeit erledigt ist, und nicht darauf zu warten, bis sich der erste Kollege erbarmt und den Computer herunterfährt? Denn darum sollte es doch gehen, und nicht, so viele Stunden wie möglich abzusitzen.

Wir brauchen einen anderen Blick auf den Wert von Arbeit, eine andere Priorisierung: weg vom Leistungsgedanken, hin zu mehr Solidarität, mehr Vereinbarkeit von Arbeit und Privatem, wovon letztlich auch Kinderlose oder Eltern, deren Kinder aus dem Haus sind, profitieren.

Stellen wir uns vor, niemand würde einen blöden Spruch klopfen, wenn man ein spuckendes Kind aus dem Kindergarten abholen muss, und Väter könnten in Elternzeit gehen, auch mehr als zwei »Vätermonate« lang, ohne Angst haben zu müssen, dass sie danach eine Kündigung auf ihrem Schreibtisch finden.

Wie wäre es, wenn die Kindergärten flexible Öffnungszeiten hätten, sodass auch Eltern im Schichtdienst ihre Kinder gut betreut wüssten? Und wie wäre es, wenn alle Eltern ohne Wartelisten und Vorstellungsgespräche zum Wunschzeitpunkt einen Kindergartenplatz bekämen, in Wohnortnähe, einfach so?

Muss es wirklich eine Vision bleiben, dass das Wort »Rabenmutter« nicht mehr fällt? Dass andere Lebensmodelle toleriert werden? Wie schön, wie befreiend wäre es, wenn Müttern Fragen wie »Wo sind denn Ihre Kinder?« nicht mehr gestellt würden, weil es eben nicht immer nur die Mutter ist, die sich um die Kinder kümmert. Es ist Zeit, dass wir das endlich hinter uns lassen!

Wenn Kinder zu haben nicht mehr als reine Privatangelegenheit verstanden wird, wenn das Großziehen von Kindern als gesamtgesellschaftliche Aufgabe definiert wird, dann werden auch Frauen aus der Rolle der »aufopfernden Mutter« herausgeholt, in der sie durch das romantische Ideal der Kernfamilie noch immer oft gefangen sind.

Eine kinderfreundliche Gesellschaft ist eine frauenfreundliche und eine elternfreundliche Gesellschaft. Denn sie schafft ein Klima, in dem Kinder bestmöglich aufwachsen können. In einem solchen Klima wird den Eltern die Vereinbarkeit von Familie und Beruf so leicht wie möglich gemacht. Bessere und verlässlichere Betreuungsmöglichkeiten für Kinder, von der Krippe bis zur Ganztagsbetreuung in den Schulen, erleichtern den Wiedereinstieg nach der Elternzeit.

Eine familienfreundliche Arbeitswelt erleichtert dies ebenfalls. Wir brauchen einen Mentalitätswechsel bei den Arbeitgebern: Statt Kinder als lästiges »Anhängsel« der Eltern zu betrachten, die die Produktivität einschränken und immer zur falschen Zeit krank werden, sollte das, was Eltern leisten, stärker anerkannt werden. Eltern sind Organisationstalente, nicht wenige leisten in einem Teilzeitjob ebenso viel wie vor der Elternzeit in einem Ganztagsjob.

Unsere Gesellschaft kann es sich nicht erlauben, auf gut ausgebildete Mütter zu verzichten, die wegen fehlender Kinderbetreuung, mangelnder steuerlicher Anreize und völlig fehlgeleiteten Steuergesetzen wie dem Ehegattensplitting mehrere Jahre als Hausfrau zu Hause bleiben oder in einem Teilzeitjob arbeiten, für den sie überqualifiziert sind. Eine Gesellschaft, in der Kinder willkommen sind, heißt auch die Eltern willkommen.

Eines der wichtigsten Ziele einer kinderfreundlichen Gesellschaft müsste die Veränderung der Arbeitswelt sein. Denn seien wir einmal ehrlich: Kann es bei den momentan vorherrschenden Bedingungen echte Vereinbarkeit geben? Vielleicht ist es an der Zeit anzuerkennen, dass nicht die Eltern alles tun sollten, um Kinder und Beruf zu vereinbaren. Vielmehr sollte es darum gehen, dass sich die Arbeitswelt und die Gesellschaft umorganisieren und so Vereinbarkeit möglich machen.

Diese Umorganisation, dieser Wechsel der Prioritäten ist ja nicht nur etwas, das sich Eltern wünschen. Seit einigen Jahren gibt es vermehrt Kritik an der Überidentifikation mit der Arbeit. »Workism« nannte der US-Journalist Derek Thompson diesen Trend, über den er im *The Atlantic* einen Artikel schrieb. Ihm zufolge leidet ein großer Teil der Amerikanerinnen und Amerikaner an dieser Überhöhung der Bedeutung der Arbeit und wünscht sich einen Mentalitätswechsel.[1] Arbeit ist eben nicht alles im Leben. Die hohen Zahlen an Burn-out-Fällen zeigen, wohin eine Überlastung führen kann. Der Mensch braucht Erholung und Pausen, eine Fünfzig-Stunden-Woche ist einfach nicht gesund und auf Dauer nicht leistbar.

Auch in Deutschland haben sich die Ansprüche an den Job in den vergangenen Jahren verändert. Eine Umfrage des Meinungsforschungsinstituts Forsa für das Karrierenetzwerk Xing kam Anfang des Jahres 2022 zu dem Ergebnis, dass fast die Hälfte aller befragten Beschäftigten im vergangenen Jahr schon einmal an einen Arbeitsplatzwechsel gedacht hatten. Die Gründe dafür waren nicht nur der Wunsch nach einem höheren Gehalt (was immerhin vierzig Prozent nannten). Ein Drittel der Befragten gab den Wunsch nach einer besseren Work-Life-Balance an. Jeder vierte Befragte vermisste die »Sinnhaftigkeit« in seinem Job.[2]

Das zeigt, dass es nicht nur unter Eltern den Wunsch nach einer besseren Vereinbarkeit von Privatleben und Arbeit gibt.

»Höher – Schneller – Weiter« im Berufsleben ist längst nicht mehr für alle Beschäftigten das Ziel, vielmehr rückt der Ausgleich zwischen Privatleben, Familie und Beruf in den Fokus. Prioritäten ändern sich im Lauf der Lebensphasen – und diese Anpassung der Work-Life-Balance an die unterschiedlichen Bedürfnisse in diesen Lebensabschnitten würde in einer kinderfreundlichen Gesellschaft für alle einfacher werden.

Von familienfreundlichen Maßnahmen wie einer erleichterten Reduzierung der Arbeitszeit auf vier Tage pro Woche oder sechs Stunden am Tag (mit entsprechend unkomplizierterem Rückkehrrecht in die Vollzeitarbeit) würden nicht nur Eltern profitieren, die sich um ihre kleinen Kinder kümmern müssen, sondern auch Angestellte, die ihre Eltern im Alter pflegen müssen oder einfach mehr Zeit fürs Private oder für das Ehrenamt haben möchten. Denn ganz ehrlich: Wo ist in einer normalen Vollzeit-Arbeitswoche neben allen sonstigen Verpflichtungen noch Platz für ein Ehrenamt?

Es gibt bereits Unternehmen, die eine generelle Vier-Tage-Woche für ihre Arbeitnehmer eingeführt und keinen Einbruch bei der Produktivität festgestellt haben. Beispielsweise ist in Schweden seit 2015 an kommunalen Krankenhäusern und Pflegeheimen eine Vier-Tage-Woche üblich, in Belgien wurde sie von der Regierung im Februar dieses Jahres eingeführt. Die Gesamtarbeitsstundenzahl hat sich in Belgien nicht reduziert, die Arbeitnehmer können aber selbst entscheiden, ob sie diese auf vier Tage aufteilen und den Freitag frei nehmen. In Island startete man 2015 einen Versuch, bei dem Tausende Beschäftigte statt vierzig nur 35 Stunden arbeiteten – bei gleichem Lohn. Die Studie endete 2019 und das Ergebnis: Die Beschäftigten waren glücklicher, Verluste an Produktivität hatte es nicht gegeben. Das führte dazu, dass die Gewerkschaften für die meisten Isländer eine Verkürzung der generellen Arbeitszeiten aushandelten.

Auch in Deutschland würde ein solches Arbeitszeitmodell großen Anklang finden: Laut einer Forsa-Umfrage sprachen sich 71 Prozent der Deutschen dafür aus. Die deutschen Gewerkschaften haben angekündigt, verstärkt für eine Verkürzung der Arbeitszeiten zu kämpfen, was bei vielen Unternehmen jedoch nach wie vor auf wenig Gegenliebe stößt.[3]

Dass sich eine Verbesserung der Work-Life-Balance aber auch für die Unternehmen auszahlt, zeigte eine Analyse des Bundesfamilienministeriums, nach der Investitionen in familienfreundliche Maßnahmen eine Rendite von 25 Prozent nach sich ziehen würden. Außerdem, so die Verfasser der Studie, würden Work-Life-Balance-Maßnahmen die Attraktivität des Arbeitgebers für alle Mitarbeitenden erhöhen, da auch Kinderlose oder ältere Arbeitnehmer von einer »intelligenten Verzahnung von Arbeits- und Privatleben« profitieren.[4]

Burn-out, Depressionen oder körperliche Probleme durch Arbeitsüberlastung sind in der arbeitenden Bevölkerung weit verbreitet. Liegt es da nicht auf der Hand, ein Arbeitsklima zu schaffen, in dem anerkannt wird, dass wir alle ein Privatleben und Ruhepausen brauchen, Zeit, uns zu erholen, um dann frisch ausgeruht produktiver zu arbeiten? Eine bessere Vereinbarkeit von Privatleben und Beruf würde nicht nur Familien, sondern allen dabei helfen, zu einem gesünderen Verhältnis zur Arbeit zurückzufinden.

Es geht darum, vom Leistungsgedanken wegzukommen, weg von der Maxime, immer höhere Umsätze, Renditen und Produktivität zu generieren. Wir können unseren Wohlstand nicht endlos steigern, sondern müssen uns vielmehr fragen, wie wir ihn weltweit allen Menschen ermöglichen können, ohne die Grenzen des Wachstums zu überschreiten. Eine Abkehr vom Leistungsprinzip hin zu einer Arbeitswelt, die die Work-Life-Balance über Produktivitätssteigerungen stellt, würde für eine nachhaltigere Art zu wirtschaften sorgen. Es wäre ein wichtiger Schritt zu einer Wende: weg von der Bedeutung von Konsum und Statussymbolen, hin zu mehr Nachhaltigkeit. Eigentlich wissen wir doch alle – und das nicht erst seit gestern –, dass die Menschheit über ihre Verhältnisse lebt und wir dringend andere Prioritäten als Leistung und Konsum setzen müssen.

Kinderfreundlichkeit steigert die Geburtenrate und schützt vor einer Verödung von Landstrichen

Ein kinderfreundliches gesellschaftliches Klima, das mehr Möglichkeiten zur Vereinbarkeit von Familie und Beruf schafft und Familien nicht aus dem öffentlichen Raum zurückdrängt, sorgt auch für eine Steigerung der Geburtenrate. Unsere Gesellschaft ist auf dem Weg in eine Überalterung, Deutschland hat mit einem Durchschnittsalter von 44,5 Jahren nach Japan die zweitälteste Bevölkerung der Welt – mit all den bekannten Nachteilen.[5] Nicht nur das umlagefinanzierte Rentensystem ist, wie wir bereits gesehen haben, in akuter Gefahr zu kollabieren. Je weniger Menschen arbeiten, umso geringer sind die Steuereinnahmen. Der Fachkräftemangel in vielen Branchen wie im Handwerk oder der Pflege ist bereits jetzt dramatisch, schwächt die Wirtschaftskraft und gefährdet teilweise bereits die Versorgung.

Doch der Nachwuchsmangel betrifft nicht nur die Wirtschaft und die Gesundheitsbranche, auch Vereine oder kirchliche Institutionen und Einrichtungen leiden darunter, dass es immer weniger Menschen gibt, die hier ihre Kraft und ihr Wissen einsetzen, und können teilweise ihr Engagement kaum noch aufrechterhalten. Ein Beispiel, das unmittelbar alle Bewohner einer Gemeinde betrifft, sind die freiwilligen Feuerwehren. Sie sind

Teil einer grundlegenden, wichtigen Infrastruktur. In einigen Gegenden leiden gerade die Feuerwehren unter massivem Nachwuchsmangel. Das liegt zum einen daran, dass immer weniger Menschen bereit sind, sich ehrenamtlich zu engagieren, aber andererseits leben auch immer weniger junge Menschen auf dem Land, die überhaupt für diese Aufgabe infrage kämen.

Orte und ganze Landstriche veröden, weil es keinen Nachwuchs mehr gibt, und die wenigen Familien, die in diesen Gegenden leben, ziehen weg, da Kindergärten schließen, Schulen, Sportvereine und all das, was es an familienfreundlicher Infrastruktur braucht. Spielplätze werden in kinderarmen Gemeinden irgendwann nicht mehr gepflegt, es wird kein neuer Bolzplatz angelegt, Jugendzentren werden geschlossen. Es ist ein Teufelskreis: Je weniger Familien in einer Gegend wohnen, umso weniger an Infrastruktur für Kinder wird benötigt und umso unattraktiver wird ein Ort für Familien. Der Zuzug bleibt aus, im Gegenteil: noch mehr Familien ziehen weg – und irgendwann stirbt auch die ältere Generation in diesen Orten aus. Wenn die Politik mehr in Kinder investiert, in Bildung, in Spielplätze, Schwimmhallen, Sportplätze, all das, was für eine Kindheit relevant ist, dann werden diese Orte am Leben erhalten.

Die Geburtenrate ist in Deutschland trotz aller familienpolitischen Maßnahmen in den vergangenen Jahren nicht nennenswert gestiegen. Besonders hoch ist die Kinderlosigkeit im internationalen Vergleich unter den Akademikerinnen. Fast ein Drittel von ihnen sind kinderlos.[6] Gleichzeitig sind Mütter bei der Geburt ihres ersten Kindes immer älter, im Durchschnitt 30,1 Jahre. Die Zahl der Frauen, die mit über vierzig ihr erstes Kind bekommen, hat sich seit 1990 vervierfacht. Die Gründe liegen auf der Hand: Die Ausbildung, das Studium, all das, was dazugehört, dauert immer länger, es müssen Praktika absolviert werden, es wird gereist, es werden – verständlicherweise – Lebenserfahrungen gesammelt, bevor mit der Arbeit »der Ernst des Lebens« beginnt. Immer mehr Frauen studieren, anstatt mit Mitte zwanzig ein Kind zu bekommen, wie es früher üblich war. Viele wollen dann auch erst einmal im Beruf ankommen, also Karriere machen und berufliche Erfahrungen sammeln, bevor sie eine Familie gründen. Doch wer das erste Kind mit vierzig bekommt, dem bleibt nicht mehr viel Zeit für ein zweites oder gar ein drittes Kind.

Kinder sind für die Zukunftsfähigkeit der Gesellschaft zu wichtig, als dass uns das egal sein könnte. Ob man Kinder bekommt oder nicht, ist zwar in erster Linie, aber eben nicht ausschließlich eine private Frage. Die Schlussfolgerung daraus ist, die Rahmenbedingungen für das Leben als Familie in allen Bereichen soweit es geht zu optimieren, von der Vereinbarkeit bis hin zur finanziellen Entlastung.

Kinderfreundliche Orte bieten mehr Lebensqualität für alle

Ist eine Innenstadt mit vielen grünen Inseln, mit Bänken, Wasserspielen, Kletter- und Balanciermöglichkeiten nicht ein Ort, an dem man sich gerne aufhält? Hier kann man im Sommer unter Bäumen sitzen, die Schatten spenden, einen Kaffee trinken und die Kinder ohne Sorge umhertoben lassen. Eine Innenstadt ohne Verkehrslärm, ohne parkende Autos, die die Fußwege blockieren, die zudem mit einem gut getakteten, barrierefreien ÖPNV zu erreichen ist – wäre das nicht ein Treffpunkt für alle Generationen?

Autos nehmen ganz selbstverständlich viel Raum ein. Man muss sich das einmal vor Augen führen: Ein fünf mal zwei Meter großer Kombi ist ungefähr so groß wie ein kleines Kinderzimmer! Wie würden unsere Städte aussehen, wenn dieser Raum in breite Fußgängerwege umgewandelt werden würde, in Radwege, auf denen man langsamere Radfahrer sicher überholen kann? In Grünstreifen oder Blumenbeete, neben denen Bänke stehen?

Und wer sagt, dass Dörfer ausschließlich Orte sein müssen, wo man schläft und am Wochenende Rasen mäht und seine Ruhe hat? Was spricht dagegen, dass sie wieder zu Orten mit einem echten Dorfkern werden, mit Bänken, einem belebten Wochenmarkt, gut ausgeleuchteten Fußwegen, grünen Plätzen, Kindergärten und Schulen und verkehrsberuhigten Straßen, auf denen die Kinder ohne Aufsicht spielen können, bis es dunkel wird?

Bereits seit 2015 schreibt das Baugesetzbuch vor, dass Kinder und Jugendliche an den Maßnahmen der Stadtplanung, des Städtebaus und der Stadterneuerung zu beteiligen sind. Gerade bei der Entwicklung von Neubaugebieten bietet sich die Chance, sie von Anfang an mit ins Boot zu holen, sie bei der Planung mit überlegen zu lassen: Was wünschen sie sich für die Straßenführung? Wie breit sollten die Bürgersteige sein oder kann man ganz auf Bürgersteige und Kantsteine verzichten? Wo sollte es Spielgelegenheiten geben, wie sollten diese aussehen und welche alten Bäume sollte man zwischen den Grundstücken stehen lassen? Wie kann der Schulweg gestaltet werden, gibt es Platz für einen Bolzplatz? Gibt es dunkle Ecken, die in den Wintermonaten Angst machen, wenn man nachmittags vom Fußballtraining kommt?

Wenn der öffentliche Raum auf diese Bedürfnisse zugeschnitten wird, profitieren davon nicht nur Kinder. Denn ein kinderfreundlicher öffentlicher Raum bietet mehr Aufenthaltsqualität: Sitzgelegenheiten, Spielmöglichkeiten und fußgängerfreundliche Verkehrsführungen laden zum Verweilen ein – und Orte, an denen man gerne verweilt, werden zu lebendigen Orten. Ein Beispiel, wie öffentlicher Raum für alle Generationen attraktiver wird, ist die hessische Stadt Griesheim, die 2009 den Titel »erste bespielbare Stadt Deutschlands« erhielt. Wenn man Orte »bespielbar« macht, hebt man die Trennung zwischen Räumen für Kinder und öffentlichem Raum auf, man schafft Platz, an dem sich Kinder frei bewegen können.

Was die Griesheimer Besonderes getan haben? Sie haben Kinder mit in die Stadtplanung einbezogen. Sie markierten ihr Schulwegenetz und anhand dieser Strecken wurden freie bespielbare Flächen identifiziert. 101 Spielflächen wurden so gefunden und mit Spielmöglichkeiten bestückt, außerdem wurden entlang der Schulwege sichere Überquerungsmöglichkeiten für die Straßen markiert.[7]

Wenn Kinder sich die öffentlichen Räume zurückerobern, werden Städte lebendiger und sicherer. Gerade im öffentlichen Raum zeigt sich, dass Familien und Senioren oftmals von denselben Dingen profitieren. Angefangen bei abgesenkten Bordsteinen, die einen Ort barrierefreier machen, über längere Ampelphasen, sichere Straßenquerungen, breitere und durchgängigere Radwege, besser ausgeleuchtete Fußwege und Sitzgelegenheiten bis hin zu Bewegungsmöglichkeiten wie Fitnessgeräten.

Von verkehrsberuhigten Zonen oder einer größeren Zahl an Grünflächen profitieren ebenfalls alle. Wenn die Autos langsamer fahren müssen, Durchgangsstraßen verkehrsberuhigt werden, man gefahrlos die Straße queren kann, wird es nicht nur für Kinder sicherer, sondern für alle. Breite Radwege, auf denen man langsamer Fahrende überholen kann, die nicht durch Ampeln blockiert werden, machen das Radfahren zu einer echten Alternative zum Auto und bringen so nicht nur Familien dazu, aufs Fahrrad umzusteigen und damit die Straßen zu entlasten, sondern schonen auch noch die Umwelt. Ebenso trägt ein gut getakteter und ausgebauter öffentlicher Nahverkehr dazu bei, dass man seltener ins Auto steigen muss, Innenstädte und Durchgangsstraßen entlastet werden, Verkehrslärm und Abgase verringert werden. Ist das nicht etwas, das allen zugutekommt?

Immer wieder wird über die Verödung von Innenstädten geklagt – wenn man sie lebendig gestaltet, sie zu echten Aufenthaltsräumen macht, dann sorgt das dafür, dass sie wieder zu Treffpunkten werden, wo man sich gerne aufhält, anstatt nur schnell einige Besorgungen zu machen und zurück in die eigenen vier Wände zu flüchten. An solchen lebendigen Orten geht es auch der Gastronomie und dem Einzelhandel besser – und wenn es beides gibt, zieht das wiederum noch mehr Menschen zu diesen Plätzen hin. Kurz: Von einem lebendigen, weil kinderfreundlichen öffentlichen Raum haben wir letztlich alle etwas, nicht nur Familien.

Familienfreundlichkeit sollte zu einem echten Standortfaktor für Gemeinden und Städte werden – denn der Zusammenhang zwischen einer kinderlosen Bevölkerung und dem Veröden und Aussterben von Landstrichen liegt auf der Hand.

Kinderfreundlichkeit steigert den Wert von Care-Arbeit

Die Coronapandemie hat uns deutlich gezeigt, wie systemrelevant Care-Arbeit ist. Die Wirtschaft verkraftete es, dass in einigen Unternehmen die Fließbänder temporär stillstanden oder etliche Mitarbeiter von zu Hause aus ohne tägliche Meetings arbeiten konnten. Doch auf die Care-Arbeit konnte keiner verzichten. Eine Gesellschaft funktioniert nicht ohne diejenigen, die sich um andere kümmern. Sie halten den Laden am Laufen – und sind doch in den allermeisten Fällen unterbezahlt, ihr Beruf nicht so angesehen, wie er es sein sollte. Care-Arbeit ist die Grundlage für das Funktionieren unseres gesellschaftlichen Zusammenlebens. Und das gilt nicht nur für die professionelle Pflege, denn gerade die unbezahlte Care-Arbeit ist das, auf dem alles Weitere aufbaut.

Und diese unbezahlte Arbeit liegt noch immer hauptsächlich in den Händen der Frauen.

Der sogenannte Gender Care Gap fasst diese Ungleichheit in Zahlen. Entwickelt wurde er im Zweiten Gleichstellungsbericht der Bundesregierung und zeigt den unterschiedlichen Zeitaufwand, den Männer und Frauen für unbezahlte Sorgearbeit aufbringen. 2019 lag dieser Gap bei 52,4 Prozent. Das bedeutet: Frauen verbringen etwa fünfzig Prozent mehr Zeit als Männer mit Kinderbetreuung, Haushalt, Pflege von Angehörigen und anderen unbezahlten Kümmer-Tätigkeiten. Bei 34-Jährigen lag dieser Gender Care Gap sogar bei sage und schreibe 110,6 Prozent! Das ist genau die bereits erwähnte »Rushhour des Lebens«, in der sich insbesondere Mütter im täglichen Mehrkampf aus Kinder, Arbeit und Haushalt aufreiben.[8]

Eine Gesellschaft, in der Kinder als wichtiger Teil des Lebens wahrgenommen werden, erkennt auch den Wert der Sorgearbeit an. Kinder brauchen Zeit – von den Eltern, von der Gesellschaft. Eine kinderfreundliche Gesellschaft gibt Eltern diese Zeit. Denn wenn Kinder und ihre Bedürfnisse ganz natürlich in unseren Alltag gehören, zur Arbeitswelt, zur Politik und zum öffentlichen Leben, dann wird auch die Bedeutung der Care-Arbeit aufgewertet und allen deren Systemrelevanz bewusster. Es ist an der Zeit, dass Care-Arbeit einen anderen Stellenwert bekommt. Das wird auch dazu beitragen, dass diese meist als weiblich empfundenen Tätigkeiten stärker von Männern wahrgenommen und ausgeführt werden – ein wichtiger Schritt für die Gleichstellung von Mann und Frau.

»An der Frage, wie eine Gesellschaft mit Care-Arbeit umgeht, zeigt sich, wie sehr wir Menschen sein wollen und wie sehr Maschinen«, schrieb die Journalistin Teresa Bücker in einem Essay für die Bundeszentrale für Politische Bildung[9] und fasst damit zusammen, welche Bedeutung die Care-Arbeit für das Zusammenhalten einer Gesellschaft hat. Sie ist das Fundament unseres Zusammenlebens, und dennoch wird sie heutzutage oft als minderwertig angesehen. Die unbezahlte Care-Arbeit von Müttern wird als selbstverständlich betrachtet und die professionelle Care-Arbeit schlecht bezahlt, von den schlechten Arbeitsbedingungen ganz zu schweigen. Die Folgen sind bekannt: Schon heute gibt es einen eklatanten Mangel in den Pflegeberufen, dasselbe gilt für Erzieherinnen. Sich um andere zu kümmern, bringt weder Ansehen noch Geld.

Ich träume von einer Gesellschaft, in der Fürsorgearbeit mehr Achtung erfährt. Wenn diese aufgewertet wird, steigt auch die Bereitschaft, sie besser zu bezahlen, die Arbeitsbedingungen zu verbessern. Und nur so können wir etwas gegen den Fachkräftemangel in diesen Branchen tun. Denn es sind vor allem diese beiden Faktoren, die junge Menschen heute abschrecken, diese Berufe zu ergreifen. Wenn sich daran nichts ändert, wird eine ausreichende Versorgung hilfsbedürftiger Menschen nicht mehr möglich sein – auch das ist bekannt.

Es ist an der Zeit, die »Kümmerberufe«, nicht mehr länger anderen Erwerbstätigkeiten unterzuordnen, sondern sie gleichrangig zu machen. Woraus begründet es sich denn, dass die Tätigkeiten in der Altenpflege oder Sozialarbeit weniger angesehen und deutlich schlechter bezahlt sind als beispielsweise die bei einem Autohersteller? Es ist zumindest nicht logisch zu erklären, wieso Berufe wie Marketingchefin oder Unternehmensberater angesehener sind als Krankenpfleger oder Erzieherin.

Wenn Kinder einen höheren Stellenwert in unserer Gesellschaft bekommen, dann wird auch dem Sich-Kümmern ein höherer Stellenwert beigemessen. Auch davon profitieren letztlich wir alle. Denn jeder von uns kann jederzeit in eine Situation kommen, in der er darauf angewiesen ist, dass sich andere um ihn kümmern. Eine Gesellschaft, in der diese Tätigkeit angesehen ist, angemessen bezahlt wird und ihr die Zeit eingeräumt wird, die es braucht, wird eine menschlichere. Wäre es nicht schön, wenn die Zeit füreinander auf unserer Werteordnung ganz oben stünde, noch vor Profit und Leistung?

Ohne helfende Hände geht es nicht – doch es lohnt sich!

Liebe Familien, lasst uns in die Öffentlichkeit gehen, lasst uns präsenter werden in dem, was man öffentliches Leben nennt. Wer unsichtbar ist, der wird vergessen. Und wer vergessen wird, für den wird nichts getan.

Es ist Zeit, dass Kinder endlich ins Zentrum der Gesellschaft rücken und mehr Platz bekommen. Platz in politischen Entscheidungen, Platz im öffentlichen Leben, Platz für ihre Meinung. Platz zum Spielen, Platz, um ungestört Kind zu sein. Platz, um sich zu entfalten. Es ist Zeit, dass ihre Zukunft mehr Platz in unserem Heute bekommt.

Familien müssen sichtbarer werden, sich aus ihrer Komfortzone herauswagen. Kinder sind ein Teil des Lebens, der Gesellschaft – und als solcher sollten sie auch anerkannt werden. Aber dafür brauchen die Familien im Land breite Unterstützung: von der Politik, den Schulen, den Kinderlosen, den Senioren, von uns allen. Eine Gesellschaft braucht ihre Kinder – und Familien brauchen die Gesellschaft. Wir Eltern können es nicht allein, denn uns fehlen Zeit und Lobby. Was wir brauchen, ist nichts weniger als ein gesellschaftlicher Ruck. Es muss sich mehr tun als nur einige Gesetzesänderungen hier und einige Kindergeldanpassungen dort. Doch die Anstrengungen lohnen sich – für alle!

Was passiert, wenn man Kinder und Familien alleinlässt, hat die Coronapandemie gezeigt. Viele Eltern sind am Ende ihrer Kräfte, die Schere zwischen Arm und Reich ist weiter aufgegangen und viele Kinder blieben während der Schulschließungen auf der Strecke. Wenn die eigenen Bedürfnisse schlicht niemanden interessieren, dann ist das nicht nur schmerzhaft, sondern lässt einen resignieren, aufgeben. Wenn die Kraft und auch noch die Zeit fehlt, für die eigenen Rechte und die Rechte der Kinder aufzustehen, dann braucht man helfende Hände und Unterstützer, die für einen laut werden – von allen Seiten.

Kinder brauchen eine Lobby, sie müssen gehört werden, sie brauchen Möglichkeiten, ihre Bedürfnisse zu artikulieren. Um die eigenen Bedürfnisse überhaupt zu erspüren, brauchen sie Raum und Zeit, sich zu entfalten und auszuprobieren. Je besser Kinder ihre Fähigkeiten entwickeln und kennenlernen, umso mehr Handlungsmöglichkeiten haben sie. Dafür brauchen sie das Gefühl der Sicherheit, einen geschützten Rahmen, in dem sie ihre Meinung entwickeln und äußern können. Das macht sie stark. Und wir brauchen starke Kinder.

Kinder brauchen Zeit – für sich, zum Spielen, für Sport, für Musik, für ihre Freunde. Sie brauchen Zeit ohne Aufsicht, und ohne Erwachsene, die ihnen ihre eigenen Lösungsmöglichkeiten überstülpen wollen. Aber genauso brauchen sie auch Zeit und Aufmerksamkeit von ihren Eltern, von ihren Lehrern, Zeit, den Stoff in ihrem Tempo zu lernen, sich Dinge auch zweimal erklären zu lassen.

Vor allem brauchen sie ein offenes Ohr, jemanden, der ihnen zuhört, ihnen auf Augenhöhe begegnet, ihre Bedürfnisse ernst nimmt und sie wirklich mitentscheiden lässt. Alibi-Partizipation lindert höchstens das schlechte Gewissen der Erwachsenen, bringt aber niemanden weiter. Kinder und Jugendliche sind die Experten für ihre Umwelt und ihren Alltag – und als solche sollten sie auch gehört und behandelt werden.

Es ist manchmal anstrengend, es ist ein Mehraufwand, es erfordert ein Nachdenken, Kinder und Jugendliche in Entscheidungsprozesse einzubeziehen. Es erfordert, immer wieder neue, altersgerechte Modelle der Beteiligung zu finden, wenn wir Kindern wirklich eine Stimme geben wollen. Aber es lohnt sich. Alle Kinder und Jugendlichen haben es verdient, dass die Erwachsenen auf ihre Einwände hören, ihre Meinungen einholen und ihre Bedürfnisse beachten. Wenn unsere Kinder groß und wir alt sind, werden wir von ihnen abhängig sein. Auch darum müssen wir jetzt alles tun, damit sie die besten Zukunftschancen haben.

Wenn Kinder konsequent bei allen politischen Entscheidungen gehört, ihre Interessen berücksichtigt werden müssen, dann werden auch die Schwächeren gehört, dann bekommen sie endlich eine Stimme. Wenn Partizipation von Kindern und Jugendlichen konsequent umgesetzt wird, dann kann nicht mehr nur einfach so entschieden werden, dann muss auf Einwände der Nachwuchsgeneration eingegangen werden. Beteiligung von Kindern und Jugendlichen macht Politik und Wirtschaft gerechter.

Davon profitieren wir alle. Nur wenn wir uns füreinander einsetzen, zusammenhalten, auf Schwächere Rücksicht nehmen und sie fördern, schaffen wir es, das niemand zurückgelassen wird. Dazu gehört auch, dass wir keine Lebensentwürfe und -modelle gegeneinander ausspielen.

Lasst uns alle zusammen Platz machen für die Kinder und ihnen das offene Ohr geben, das sie brauchen. Das ist eine gesamtgesellschaftliche Aufgabe.

Kinder sind unsere Zukunft, für sie selbst zählt aber vor allem das Jetzt. Und genau jetzt, in der Gegenwart haben sie es verdient, dass wir uns mit ihnen beschäftigen. Dass wir sie anhören, in allen

Bereichen, dass wir uns jetzt um ihre Umwelt kümmern, dass wir alles dafür tun, damit sie eine lebenswerte Zukunft haben. Dazu müssen wir unser Handeln so nachhaltig wie möglich ausrichten und nicht mit der »Nach-uns-die-Sintflut«-Attitüde durchs Leben spazieren. Wir sind es ihnen schuldig, das, womit wir augenscheinlich überfordert sind, nicht einfach auf später verschieben, nicht so lange vertagen, bis es zu spät ist. Wir müssen aufhören, diese Welt und ihre Lebensgrundlagen zu gefährden. Unsere Kinder haben diesen Egoismus nicht verdient.

Familien und Kinder sind das Fundament einer Gesellschaft, sie sind das, worauf die Zukunft aufbaut. Da ist es doch nur logisch, alles zu tun, damit dieses Fundament so stabil wie möglich ist.

Lasst uns damit anfangen. Am besten noch heute.

Zehn Schritte für mehr Kinderfreundlichkeit

Ein echter gesellschaftlicher Wandel hin zu einer modernen, nachhaltigen und zukunftsorientierten Gesellschaft ist nur zu erreichen, wenn sich das Bewusstsein in der Bevölkerung ändert und gleichzeitig die politischen und rechtlichen Rahmenbedingungen so angepasst werden, dass das Wohl der Kinder im Mittelpunkt steht. Wir alle können – müssen – etwas tun, damit sich endlich etwas ändert. Die folgenden zehn Schritte sind erforderlich, um die Gesellschaft nicht nur kinderfreundlicher, sondern auch nachhaltiger, moderner und gerechter werden zu lassen.

1. Kinderrechte im Grundgesetz verankern mit dem Zusatz »vorrangig«

Wenn Kinderrechte vorrangig bei politischen Entscheidungen betrachtet werden, dann wächst das Bewusstsein dafür, dass Kinder eine Stimme haben und man auf diese Stimmen hören sollte.

2. Wahlrecht ab 16 Jahren als erster Schritt zum Wahlrecht für alle

Um der jüngeren Bevölkerung mehr Gewicht in der Politik zu verleihen, ist es wichtig, das Wahlalter zunächst auf 16 Jahre herabzusetzen. Langfristig wäre aber anzustreben, es auf alle auszuweiten, sodass Familien und ihre Bedürfnisse in der Politik mehr Beachtung finden.

3. Sämtliche politischen Entscheidungen auf Auswirkungen für Kinder überprüfen

Bei jeder politischen Entscheidung sollten auch deren Auswirkungen auf Kinder und Jugendliche überprüft werden, dabei darf kein Bereich ausgeklammert werden. Wie so etwas aussehen kann, zeigt auch das Querschnittsthema »Klimaschutz« im aktuellen Koalitionsvertrag, der vorsieht, alle Gesetzesvorhaben auf ihre Wirkungen bezüglich des Klimaschutzes zu überprüfen.

4. Finanzielle Entlastung von Familien durch einschneidenden Umbau des Steuersystems

Das Ehegattensplitting muss abgeschafft werden, stattdessen sollte mehr Geld in Ganztagsbetreuung investiert werden. Familien sollten bei der Rente finanziell entlastet werden. Für Produkte, die für Kinder notwendig sind, sollte der ermäßigte Mehrwertsteuersatz gelten. Die Möglichkeit, Schulmaterialien und Ausbildungskosten von der Steuer abzusetzen, würde Familien zusätzlich entlasten.

5. Teilhabe und Chancengerechtigkeit stärken

Um allen Kindern dieselben Chancen zu ermöglichen, müssen kulturelle und sportliche Angebote kostenfrei sein und in die Schulen und Kindergärten hineingeholt werden, um möglichst niedrigschwellig für alle verfügbar zu sein.

6. Straßenverkehr und öffentlichen Raum kindgerecht gestalten

In Dörfern und in Städten sollten Kinder an möglichst vielen Stellen konsequent Vorfahrt vor Autos bekommen, der Straßenverkehr muss primär auf Sicherheit anstatt auf Verkehrsfluss ausgelegt werden.

7. Partizipation konsequent ermöglichen

Kinder und Jugendliche müssen bei allen Vorhaben, die sie betreffen, angehört werden. Es muss echte erreichbare Ansprechpartner für Kinder geben, genauso Kinder- und Jugendparlamente, deren Stimmen gehört werden. Nicht nur auf Kommunalebene oder in der Schule, auch in Länderparlamenten und in Ausschüssen des Bundestags müssen Kinder und Jugendliche als Experten mit einbezogen werden.

8. Vereinbarkeit von Beruf und Familie stärken

Es ist eine wirkliche Work-Life-Balance nötig und eine echte Vereinbarkeit von Familie und Beruf, sodass jede Mutter und jeder Vater die Möglichkeit haben, so viel zu arbeiten, wie es zum eigenen Leben und zur jeweiligen Lebensphase passt. Hierfür sind eine gut ausgebaute, flächendeckende Kinderbetreuung mit flexiblen Betreuungszeiten auch in den Randzeiten, das Recht auf eine Rückkehr in einen Vollzeitjob dringend notwendig, genauso wie die Anerkennung von Elternschaft als Diskriminierungsmerkmal.

9. Kinderarmut bekämpfen

Wenn wir Kinder und Familien in ihrer Armut alleinlassen, dann verstoßen wir gegen ein elementares Kinder- und Menschenrecht. Armut darf nie als Teil der gesellschaftlichen Normalität akzeptiert werden. Dazu müssen wir alle Anstrengungen unternehmen und die politischen Rahmenbedingungen schaffen.

10. Ein neues soziales Miteinander

Wir brauchen ein neues soziales Miteinander, das Rücksicht auf Schwächere nimmt und abrückt vom Leistungsgedanken. Jeder von uns kann noch heute damit beginnen, weniger auf Ellenbogen und mehr auf Miteinander zu setzen – ein Lächeln ist da nur der Anfang.

Weiterführende Literatur

Bach, S., Haan, P.: Kinderfreibetrag reduzieren, Familienleistungen für Geringverdienende ausbauen, DIW aktuell, Sonderausgaben zur Bundestagswahl 2021, Nr. 64, Mai 2021

Deckenbach, K.: Die Mutterglück-Falle. Warum wir unser Familienbild ändern müssen, dtv, München 2006

Garsoffky, S., Sembach, B.: Der tiefe Riss. Wie Politik und Wirtschaft Eltern und Kinderlose gegeneinander ausspielen, Pantheon, München 2017

Krappmann, L., Petry, C. (Hrsg.): Worauf Kinder und Jugendliche ein Recht haben. Kinderrechte, Demokratie und Schule: Ein Manifest, Wochenschau Verlag, Schwalbach 2016

Liebel, M.: Unerhört. Kinder und Macht, Beltz Juventa, Weinheim 2020

Lindgren, A.: Niemals Gewalt!, Oetinger Verlag, Hamburg 2017

Maier-Höfer, C. (Hrsg.): Kinderrechte und Kinderpolitik. Fragestellungen der Angewandten Kindheitswissenschaften, Springer VS, Wiesbaden 2017

Mayer, S.: Deutschland – armes Land. Wie die Ego-Gesellschaft unsere Zukunft verspielt. Plädoyer für eine neue Familienkultur, Eichborn, Frankfurt am Main 2002

Pfundt, K.: Die Kunst, in Deutschland Kinder zu haben, Argon, Berlin 2004

Runge, S., Wenzel, K.: Glückwunsch zum Baby, Sie sind gefeuert, Eden Verlag, 2022
Schmidt, R.: S.O.S. Familie: Ohne Kinder sehen wir alt aus, Rowohlt, Hamburg 2002
Schmidt, R.: Lasst unsere Kinder wählen!, Kösel-Verlag, München 2013
Siggelkow, B., Büscher, W.: Deutschlands große Chance, Random House, München 2008

Anmerkungen

Alle Internetlinks zuletzt abgerufen am 26.04.2022.

Worum es in diesem Buch geht

1 Saskia Lemm (2022): »Psychische Belastung von Jugendlichen und Kindern weiterhin hoch – aber leicht rückläufig«, Universitätsklinikum Hamburg-Eppendorf (UKE) (https://www.uke.de/allgemein/presse/pressemitteilungen/detailseite_116483.html#:~:text=Es%20waren%20aber%20immer%20noch,durch%20die%20Corona%2DPandemie%20belastet)

2 Schleswig Holsteinischer Landtag (2020): »Neue Corona-Lockerungen ab dem 18. Mai«, Website des Schleswig-Holsteinischen Landtags (https://www.landtag.ltsh.de/nachrichten/20_05_bericht_bundespolitik_corona/)

3 K.A. (2022): »Gegen Corona: Lübeck setzt 52 Luftfilter in Schulen und Kitas ein«, Lübecker Nachrichten online (https://www.ln-online.de/Lokales/Luebeck/Gegen-Corona-Luebeck-setzt-52-Luftfilter-in-Schulen-und-Kitas-ein)

1 »Wir müssen leider draußen bleiben« – Wo Familien im Alltag überall unerwünscht sind

1 Stefan Strauß (2019): »Kinderwagen im Café verboten«, Frankfurter Rundschau online (https://www.fr.de/politik/kinderwagen-caf-verboten-11330333.html)

2 Michael Mönninger (2004): »Wo sind die Kinder? Demografie als Volkssport«, Zeit Online (https://www.zeit.de/2004/10/Familien_Frankr_)

3 Bundesministerium für Familie, Senioren, Frauen und Jugend (2015): »Familienbilder in Deutschland und Frankreich«. Monitor Familienforschung, Statistik und Familienpolitik, Ausgabe 34 (https://www.bmfsfj.de/resource/blob/76252/0c016a5969e447087f8a6b6883a06d80/monitor-familienforschung-ausgabe-34-data.pdf)

4 AG Rostock, Urteil vom 10.6.2020, AZ 47 C 278/19
5 Bundesimmissionsschutzgesetz, Art. 22, Abs. 2a
6 Andrea Schweizer (2020): »Wie viel Kinderlärm muss man dulden«, Mein Schöner Garten Online (https://www.mein-schoener-garten.de/service/gartenrecht/gartenrecht-kinderlaerm-31126)
7 K.A. (2019): »Kindergepolter: Wann Sie Kinderlärm nicht mehr hinnehmen müssen«, Website der DAHAG (Deutsche Anwaltshotline) (https://www.dahag.de/c/ratgeber/mietrecht/mieterrechte/kindergepolter)
8 VGH Baden-Württemberg, 27.11.2013, Az. 8 S 1813/13
9 BGH vom 22.8.2017 – VIII ZR 226/16
10 Hennig Jauernig (2022): »Wohnen: In Deutschlands Großstädten wird es für Familien eng«, Spiegel Online (https://www.spiegel.de/wirtschaft/service/wohnen-in-deutschlands-grossstaedten-wird-es-fuer-familien-eng-a-1a89d3a3-d681-47b1-9bf4-82786c5d96b6)
11 Pekka Sagner (2021): »Wohnfläche: 41 Quadratmeter pro Kopf«, Institut der deutschen Wirtschaft (iwkoeln.de) (https://www.iwkoeln.de/presse/pressemitteilungen/pekka-sagner-41-quadratmeter-pro-kopf.html)
12 LG Frankfurt/Main, Urteil v. 12.6.2014, 2-09 S 79/13
13 OLG Düsseldorf, Beschluss vom 27.11.1985, 3 Wx 352/85
14 Deutsche Bahn: »Kleinkindabteil & Kleinkindbereich in unseren ICEs«, bahn.de (https://www.bahn.de/service/individuelle-reise/kinder/klein kindabteil)
15 K.A. (2020): »Statistisches Bundesamt: Vor allem Familien verreisen mit dem Auto«, Zeit Online (https://www.zeit.de/entdecken/reisen/2020-07/statistisches-bundesamt-autoreisen-deutschland-corona-krise-urlaub-niedrige-kraftstoffpreise)
16 Statistisches Bundesamt (2021): »Historischer Tiefststand: Deutlich weniger Kinder-Verkehrsunfälle im Corona-Jahr 2020« (https://www.destatis.de/DE/Presse/Pressemitteilungen/2021/09/PD21_N055_462.html)
17 Kathrin Zeller (2016): »Vision Zero: Schwedisches Konzept sorgt für Sicherheit im Verkehr«, Wirtschafts-Woche (https://www.wiwo.de/tech nologie/green/vision-zero-schwedisches-konzept-sorgt-fuer-sicherheit-im-verkehr/13946502.html)
18 Friederike Wapler / Nadja Akarach / Mariam Zorob (2017): »Umsetzung und Anwendung der Kinderrechtskonvention in Deutschland«, Rechtsgutachten im Auftrag des Bundesministeriums für Familie, Senioren, Frauen und Jugend (https://www.bmfsfj.de/resource/blob/120474/a1437 8149aa3a881242c5b1a6a2aa941/2017-gutachten-umsetzung-kinderrechts konvention-data.pdf)

19 Action Research Laboratory: »Road Crossing & Developmental Disorders«, Royal Holloway University of London (http://www.pc.rhul.ac.uk/sites/ARL/research/roadcrossing&dcd.html)
20 Bundesministerium für Familie, Senioren, Frauen und Jugend (2020): »Familien heute. Daten. Fakten. Trends. Familienreport 2020« (https://www.bmfsfj.de/resource/blob/163108/ceb1abd3901f50a0dc484d899881a223/familienreport-2020-familie-heute-daten-fakten-trends-data.pdf)
21 Stiftung für Zukunftsfragen (2016): »Forschung aktuell: Warum die Deutschen keine Kinder bekommen« (https://www.stiftungfuerzukunftsfragen.de/newsletter-forschung-aktuell/270)

2 Und ewig ruft das schlechte Gewissen – Vereinbarkeit von Familie und Beruf

1 Frida Thurm (2011): »Deutschland unterstützt die Familien falsch«, Zeit Online (https://www.zeit.de/gesellschaft/familie/2011-04/oecd-familien-studie-foerderung)
2 Statistisches Bundesamt (2021): »Elterngeld 2020: Väteranteil steigt auf knapp 25 Prozent« (https://www.destatis.de/DE/Presse/Pressemitteilungen/2021/03/PD21_146_22922.html)
3 Bundeszentrale für politische Bildung (2018): »Familienpolitische Wende: 5 Jahre Rechtsanspruch auf Krippenplatz« (https://www.bpb.de/kurz-knapp/hintergrund-aktuell/273375/familienpolitische-wende-5-jahre-rechtsanspruch-auf-krippenplatz/)
4 Presse- und Informationsamt der Bundesregierung (2021):. »Fragen und Antworten: Rechtsanspruch auf Ganztagsbetreuung ab 2026«, bundesregierung.de (https://www.bundesregierung.de/breg-de/suche/ganztagsausbau-grundschulen-1766962#:~:text=Der%20Bund%20investierte%20von%202008,aber%20viele%20Familien%20vor%20Herausforderungen)
5 Bernd Kramer (2020): »Studie: Ganztagsausbau finanziert sich zum Teil selbst«, Süddeutsche Zeitung Online (https://www.sueddeutsche.de/bildung/ganztagsschule-ausbau-kosten-1.4763868)
6 Tom Krebs / Martin Scheffel (2016): »Quantifizierung der gesamtwirtschaftlichen und fiskalischen Effekte ausgewählter Infrastruktur- und Bildungsinvestitionen in Deutschland«, Studie im Auftrag des Bundesministeriums für Wirtschaft und Energie (https://madoc.bib.uni-mannheim.de/41281/1/16-13_Krebs Scheffel.pdf)
7 Bundesministerium für Familie, Senioren, Frauen und Jugend (2019): »Agenda 2030 – Nachhaltige Familienpolitik« (https://www.bmfsfj.de/resource/blob/142626/e593258f01dcb25041e3645db9ceaa5b/agenda-2030-langfassung-data.pdf)

8 Henrike Roßbach (2021) »Väter wollen mehr Zeit für Kinder«, Süddeutsche Zeitung (https://www.sueddeutsche.de/politik/familienpolitik-vaeter-wollen-mehr-zeit-fuer-kinder-1.5431218)
9 Bundesamt für Familie, Senioren, Frauen und Jugend (2020): »Förderprogramm Betriebliche Kinderbetreuung startet neu« (https://www.bmfsfj.de/bmfsfj/aktuelles/alle-meldungen/foerderprogramm-betriebliche-kinderbetreuung-startet-neu-160212)
10 Bundesamt für Statistik (2022): »Nur jede dritte Führungskraft ist eine Frau« (https://www.destatis.de/Europa/DE/Thema/Bevoelkerung-Arbeit-Soziales/Arbeitsmarkt/Qualitaet-der-Arbeit/_dimension-1/08_frauen-fuehrungspositionen.html#:~:text=Nur%20jede%20dritte%20F%C3%BChrungskraft%20ist%20eine%20Frau&text=In%20Deutschland%20waren%2029%2C4,in%20den%20F%C3%BChrungsetagen%20EU%2DSpitzenreiter)
11 Björn Schwentker / James Vaupel (2011): »Eine neue Kultur des Wandels«, Aus Politik und Zeitgeschichte (https://www.bpb.de/shop/zeitschriften/apuz/33439/eine-neue-kultur-des-wandels-essay/?p=all)
12 Ebd.
13 Sonja Ernst (2017): »Teilzeit ist ein Karrierekiller«, Bundeszentrale für politische Bildung (https://www.bpb.de/themen/familie/familienpolitik/244597/teilzeit-ist-ein-karrierekiller/)

3 Kinder im Steuer- und Rentenrecht

1 Tagesschau (2022): »Senkung der Mehrwertsteuer: Lindner lehnt ›Spritpreisbremse‹ ab«, Tagesschau online (https://www.tagesschau.de/inland/spritpreise-mehrwertsteuer-101.html#:~:text=Das%20geht%20aus%20dem%20aktuellen,Euro%20im%20Jahr%202021%20entsprechen)
2 Statistisches Bundesamt (2018): »Konsumausgaben von Familien für Kinder. Berechnungen auf der Grundlage der Einkommens- und Verbrauchsstichprobe 2018« (https://www.destatis.de/DE/Themen/Gesellschaft-Umwelt/Einkommen-Konsum-Lebensbedingungen/Konsumausgaben-Lebenshaltungskosten/Publikationen/Downloads-Konsumausgaben/konsumausgaben-familien-kinder-5632202189004.pdf?__blob=publicationFile)
3 Bundesministerium für Familie, Senioren, Frauen und Jugend (2020): »Familien heute. Daten. Fakten. Trends. Familienreport 2020« (https://www.bmfsfj.de/resource/blob/163108/ceb1abd3901f50a0dc484d899881a223/familienreport-2020-familie-heute-daten-fakten-trends-data.pdf)

4 SPD / Bündnis 90 / Die Grünen / FDP: »Mehr Fortschritt wagen. Bündnis für Freiheit, Gerechtigkeit und Nachhaltigkeit. Koalitionsvertrag 2021–2025« (https://www.spd.de/koalitionsvertrag2021/)
5 BVerfG, Urt. v. 3.11.1982, BVerfGE 61, 319 (346 f.) = BStBl 1982 II, S. 717 (726)
6 1 BvR 1629/94 –, Rn. 1–75 v. 3.4.2001
7 Martin Werding (2013): »Familien in der gesetzlichen Rentenversicherung: Das Umlageverfahren auf dem Prüfstand«, im Auftrag der Bertelsmann Stiftung (https://www.bertelsmann-stiftung.de/fileadmin/files/BSt/Publikationen/GrauePublikationen/109-2013_BST_Studie_Familien_in_der_gesetzlichen_RV_Zusammenfassung_2015.pdf)
8 Susanne Garsoffky / Britta Sembach (2017): »Der tiefe Riss«, München, S. 114

4 Zwischen Dschungel und Gießkannenprinzip – Familienpolitik in Deutschland

1 Statistisches Bundesamt (2022): »Familien: Definition« (https://www.destatis.de/DE/Themen/Gesellschaft-Umwelt/Bevoelkerung/Haushalte-Familien/Glossar/familien.html)
2 Andreas Lehmann-Wermser / Valerie Krupp-Schleußner (2017): »Jugend und Musik. Eine Studie zu den musikalischen Aktivitäten Jugendlicher in Deutschland«, im Auftrag der Bertelsmann Stiftung (https://www.bertelsmann-stiftung.de/de/publikationen/publikation/did/jugend-und-musik-1/)
3 Statistisches Bundesamt (2018): »Konsumausgaben von Familien für Kinder. Berechnungen auf der Grundlage der Einkommens- und Verbrauchsstichprobe 2018« (https://www.destatis.de/DE/Themen/Gesellschaft-Umwelt/Einkommen-Konsum-Lebensbedingungen/Konsumausgaben-Lebenshaltungskosten/Publikationen/Downloads-Konsumausgaben/konsumausgaben-familien-kinder-5632202189004.pdf?__blob=publicationFile)
4 Bundesministerium für Wirtschaft und Energie (2021): »Regierungsentwurf des Bundeshaushalts 2021« (https://www.bmwk.de/Redaktion/DE/Downloads/P-R/regierungsentwurf-des-bundeshaushalts-2021.pdf?__blob=publicationFile&v=4)
5 OECD (2009): »Doing better for Families Germany« (https://www.oecd.org/germany/47700996.pdf)
6 Statistisches Bundesamt (2021): »Kinderbetreuung: Eltern bezahlen im Schnitt 1310 Euro pro Jahr« (https://www.destatis.de/DE/Presse/Pressemitteilungen/2021/10/PD21_483_73.html)

7 Stefan Bach / Peter Hahn (2021): »Kinderfreibetrag reduzieren, Familienleistungen für Geringverdiener ausbauen«, Deutsches Institut für Wirtschaftsforschung (DIW) (https://www.diw.de/documents/publikationen/73/diw_01.c.818850.de/diw_aktuell_64.pdf)

5 Hört auf uns! Kindern eine Stimme geben

1 Bundesministerium für Familie, Senioren, Frauen und Jugend (2003): »Aktionsleitfaden gewaltfreie Erziehung. Anregungen und praktische Ideen für die praktische Umsetzung« (https://www.bmfsfj.de/resource/blob/93222/2652d49a743e5a7e286c160c0c356852/aktionsleitfaden-gewaltfreie-erziehung-data.pdf)

2 Sabine Andresen et al. (2014): »Das Kind in den Mittelpunkt stellen. Eine kindorientierte Familienpolitik für faire Bildungs- und Teilhabechancen. Positionen aus dem Projekt Familie und Bildung: Politik vom Kind aus denken«, im Auftrag der Bertelsmann Stiftung (https://www.bertelsmannstiftung.de/fileadmin/files/Projekte/Wirksam_in_Bildung_investieren/131-2014_BST_Projektpapier_Familie_A5.pdf)

3 BVerfG, Urteil des Ersten Senats vom 1. April 2008 – 1 BvR 1620/04 –, Rn. 1-100

4 Friederike Wapler / Nadja Akarach / Mariam Zorob (2017): »Umsetzung und Anwendung der Kinderrechtskonvention in Deutschland«, Rechtsgutachten im Auftrag des Bundesministeriums für Familie, Senioren, Frauen und Jugend (https://www.bmfsfj.de/resource/blob/120474/a14378149aa3a881242c5b1a6a2aa941/2017-gutachten-umsetzung-kinderrechtskonvention-data.pdf)

5 Manfred Liebel (2020): »Unerhört. Kinder und Macht«, Weinheim, S. 17

6 Kathrin Hörnlein / Susanne Schädlich (2021): »Mitbestimmung von Kindern. Fragt doch mal!«, Zeit Online (https://www.zeit.de/2021/35/kinder-mitbestimmung-politik-deutschland-corona-pandemie-mitsprache-partizipation/seite-2)

7 Ebd.

8 Bundesministerium für Familie, Senioren, Frauen und Jugend (2021): »Ministerin Giffey startet ›Akademie für Kinder- und Jugendparlamente‹ für ein stärkeres politisches Engagement junger Menschen« (https://www.bmfsfj.de/bmfsfj/aktuelles/presse/pressemitteilungen/ministerin-giffey-startet-akademie-fuer-kinder-und-jugendparlamente-fuer-ein-staerkeres-politisches-engagement-junger-menschen--178180#:~:text=Ihre%20Sichtweisen%20und%20Meinungen%20lassen,Jugendparlamente%20sind%20daher%20sehr%20wertvoll)

9 Katrin Gerlof (2018): »Die Kinderkommission im Deutschen Bundestag«, im Auftrag des Deutschen Bundestags, Referat Öffentlichkeitsarbeit (https://www.btg-bestellservice.de/pdf/20183200.pdf)
10 Sabine Andresen et al. (2014): »Das Kind in den Mittelpunkt stellen. Eine kindorientierte Familienpolitik für faire Bildungs- und Teilhabechancen. Positionen aus dem Projekt ›Familie und Bildung: Politik vom Kind aus denken‹«, im Auftrag der Bertelsmann Stiftung (https://www.bertelsmannstiftung.de/fileadmin/files/Projekte/Wirksam_in_Bildung_investieren/131-2014_BST_Projektpapier_Familie_A5.pdf)
11 Erich Fromm (1971): »Überfluss und Überdruss in unserer Gesellschaft«, hrsg. von Rainer Funk, München 2015, S. 30 (www.irwish.de/PDF/Psychologie/Fromm/Fromm_Ueberfluss_und_Ueberdruss_in_unserer_Gesellschaft.pdf)
12 Vera Kreuter et al. (2014): »Zukunft des Generationenvertrags. Wie sich die Lasten des demografischen Wandels gerechter verteilen lassen«, im Auftrag des Berlin Institut für Bevölkerung und Entwicklung (https://digital.zlb.de/viewer/image/15862867/1)
13 Harald Wilkoszweski (2009): »Alte und Kinderlose kontra Junge und Eltern. Forscher weisen erstmals Verteilungskonflikte nach«, Max-Planck-Institut für demografische Forschung (https://www.demogr.mpg.de/papers/working/wp-2009-034.pdf)
14 Bundesministerium für Familie, Senioren, Frauen und Jugend (1995): »Familien und Politik im geeinten Deutschland. Zukunft des Humanvermögens. Fünfter Familienbericht«, Stellungnahme der Bundesregierung zum Bericht der Sachverständigenkommission (https://www.bmfsfj.de/resource/blob/79026/1e0fd896b0c144d5f6396b8829591391/5--familienbericht-data.pdf)
15 Robert Vehrkamp et al. (2015): »Wählen ab 16. Ein Beitrag zur nachhaltigen Steigerung der Wahlbeteiligung«, im Auftrag der Bertelsmann Stiftung (https://www.bertelsmann-stiftung.de/de/publikationen/publikation/did/waehlen-ab-16/)
16 Ebd.
17 Vgl. Renate Schmidt (2013): »Lasst unsere Kinder wählen!«, München

6 »Alle sind gleich, aber manche sind gleicher« – Chancengerechtigkeit und Kinderarmut

1 BVerfG, Beschluss des Ersten Senats vom 19. November 2021 – 1 BvR 971/21 –, Rn. 1–222
2 Michael Herrn (2021): »Soziale Schere droht weiter aufzugehen«, Robert-Bosch-Stiftung (https://www.bosch-stiftung.de/de/presse/2021/10/

soziale-schere-droht-weiter-aufzugehen-brennpunktschulen-sind-am-schlechtesten-auf)

3 Andreas Lehmann-Wermser / Valerie Krupp-Schleußner (2017): »Jugend und Musik. Eine Studie zu den musikalischen Aktivitäten Jugendlicher in Deutschland«, im Auftrag der Bertelsmann Stiftung (https://www.bertelsmann-stiftung.de/de/publikationen/publikation/did/jugend-und-musik-1/)

4 Ebd.

5 Ebd.

6 Irina Wolf et al. (2019): »Wenn Kinderarmut erwachsen wird … Langzeitstudie zu (Langzeit-)Folgen von Armut im Lebensverlauf«, im Auftrag des Instituts für Sozialarbeit und Sozialpädagogik e.V. (https://www.iss-ffm.de/fileadmin/assets/veroeffentlichungen/downloads/Kurzfassung-Ergebnisse-AWO-ISS-Langzeitstudie.pdf)

7 Nils Weinert (2021): »Zahl der Schulabbrecher im Vergleich zum Vorjahr verdoppelt – Tendenz steigend«, Redaktionsnetzwerk Deutschland (https://www.rnd.de/politik/schule-zahl-der-schulabbrecher-zum-vorjahr-verdoppelt-tendenz-steigend-durch-corona-5QYWLKXZX5BPJI7P7V33OLHDQI.html)

8 Sabine Andresen et al. (2014): »Das Kind in den Mittelpunkt stellen. Eine kindorientierte Familienpolitik für faire Bildungs- und Teilhabechancen. Positionen aus dem Projekt ›Familie und Bildung: Politik vom Kind aus denken‹«, im Auftrag der Bertelsmann Stiftung (https://www.bertelsmannstiftung.de/fileadmin/files/Projekte/Wirksam_in_Bildung_investieren/131-2014_BST_Projektpapier_Familie_A5.pdf)

9 Bundesministerium für Familie, Senioren, Frauen und Jugend (2020): »Familien heute. Daten. Fakten. Trends. Familienreport 2020« (https://www.bmfsfj.de/resource/blob/163108/ceb1abd3901f50a0dc484d899881a223/familienreport-2020-familie-heute-daten-fakten-trends-data.pdf)

10 Jonas Pieper et al. (2021): »Armut in der Pandemie. Der paritätische Armutsbericht 2021«, im Auftrag von Der Paritätische Wohlfahrtsverband Gesamtverband e.V. (https://www.der-paritaetische.de/fileadmin/user_upload/Schwerpunkte/Armutsbericht/doc/broschuere_armutsbericht-2021_web.pdf)

11 Ebd.

12 Bundesministerium für Arbeit und Soziales (2008): »Lebenslagen in Deutschland. Der dritte Armuts- und Reichtumsbericht der Bundesregierung« (https://www.armuts-und-reichtumsbericht.de/DE/Bericht/Archiv/Der-dritte-Bericht/dritter-bericht.html)

13 Bundesministerium für Familie, Senioren, Frauen und Jugend (2020): »Familien heute. Daten. Fakten. Trends. Familienreport 2020« (https://www.bmfsfj.de/resource/blob/163108/ceb1abd3901f50a0dc484d899881a223/familienreport-2020-familie-heute-daten-fakten-trends-data.pdf)
14 Torsten Lietzmann / Claudia Wenzig (2020): »Materielle Unterversorgung von Kindern«, im Auftrag der Bertelsmann Stiftung (https://www.bertelsmann-stiftung.de/fileadmin/files/BSt/Publikationen/GrauePublikationen/294-2020_BST_IAB_Studie_Kinderarmut_2020_ID983.pdf)
15 Bundesministerium für Familie, Senioren, Frauen und Jugend (2020): »Familien heute. Daten. Fakten. Trends. Familienreport 2020« (https://www.bmfsfj.de/resource/blob/163108/ceb1abd3901f50a0dc484d899881a223/familienreport-2020-familie-heute-daten-fakten-trends-data.pdf)
16 European Union (2014): »Eurostat Regional Yearbook 2014« (https://ec.europa.eu/eurostat/documents/3217494/5785629/KS-HA-14-001-EN.PDF)
17 Nationale Akademie der Wissenschaften Leopoldina (2014): »Frühkindliche Sozialisation. Biologische, psychologische, linguistische, soziologische und ökonomische Perspektiven« (https://www.leopoldina.org/uploads/tx_leopublication/2014_Stellungnahme_Sozialisation_KURZ_web.pdf)
18 Martin Spiewak (2021): »Chancengerechtigkeit: Ungerecht von Anfang an«, Zeit online (https://www.zeit.de/2021/24/chancengerechtigkeit-bildung-kinderentwicklung-herkunft-schule-elternhaus/komplettansicht)
19 Betty Hart / Todd Risley (2003): »The early catastrophe. The 30 Million word gap by age 3«, in American Educator (https://www.aft.org/sites/default/files/periodicals/TheEarlyCatastrophe.pdf)
20 Robert Koch Institut (2010): »Armut und Gesundheit«, in GBE Kompakt 05/2010 https://www.rki.de/DE/Content/Gesundheitsmonitoring/Gesundheitsberichterstattung/GBEDownloadsK/2010_5_Armut.pdf?__blob=publicationFile#:~:text=Einkommen%20haben%20eine%20geringere%20Lebenserwartung.&text=%2C%20wie%20z.B.%20Herzinfarkt%2C%20Diabetes%20mellitus,Bronchitis%2C%20ist%20bei%20Armut%20erh%C3%B6ht.&text=sind%20h%C3%A4ufiger%20aufgrund%20von%20Gesundheitsproblemen%20in%20der%20Alltagsbew%C3%A4ltigung%20einge%2D%20schr%C3%A4nkt.&text=sind%20bei%20Personen%2C%20die%20in%20Armut%20leben%2C%20st%C3%A4rker%20verbreitet
21 Dieter Dohmen et al. (2018): »Ermittlung der Lebenshaltungskosten von Studierenden: Aktualisierte Berechnung anhand der 21. Sozialerhebung des Deutschen Studentenwerks«, Studie für das Deutsche Studentenwerk

(https://www.fibs.eu/fileadmin/user_upload/Literatur/FiBS_DSW_Studentischer_Warenkorb_2018_190108.pdf)
22 Anette Stein (2018): »Kinderarmut hängt stark von der Berufstätigkeit der Mütter ab«, Pressemeldung für die Bertelsmann Stiftung (https://www.bertelsmann-stiftung.de/en/press/press-releases/press-release/pid/kinderarmut-haengt-stark-von-berufstaetigkeit-der-mutter-ab/)
23 Bundesministerium für Familie, Senioren, Frauen und Jugend (2020): »Familien heute. Daten. Fakten. Trends. Familienreport 2020« (https://www.bmfsfj.de/resource/blob/163108/ceb1abd3901f50a0dc484d899881a223/familienreport-2020-familie-heute-daten-fakten-trends-data.pdf)
24 Redaktionsnetzwerk Deutschland (2022): »Familienministerin Spiegel: Kindergrundsicherung wird ein Paradigmenwechsel«, rnd.de (https://www.rnd.de/politik/familienministerin-spiegel-kindergrundsicherung-wird-ein-paradigmenwechsel-MD6XUPPEZ76CYZ7L7OYL32UY2Y.html)
25 Bundesministerium für Familie, Senioren, Frauen und Jugend (2008): »Arbeitsbericht zum Unternehmensprogramm Erfolgsfaktor Familie« (https://www.bmfsfj.de/resource/blob/93278/60dd52135oc58d3e0c2816ab196202ea/arbeitsbericht-erfolgsfaktor-familie-data.pdf)

7 Kinderfreundlichkeit – Mehr Lebensqualität für alle

1 Derek Thompson (2019): »The Religion of Workism Is Making Americans Miserable«, The Atlantic (https://www.theatlantic.com/ideas/archive/2019/02/religion-workism-making-americans-miserable/583441/)
2 K.A. (2022): »Arbeitsmarkt: Jeder Vierte kündigt ohne neue Stelle«, Spiegel Online (https://www.spiegel.de/karriere/arbeitsmarkt-jeder-vierte-kuendigt-ohne-neue-stelle-a-793ffbaa-9193-49a0-ae7d-a91e7548100c)
3 Alexander Hagelüken (2022): »Vier Tage Woche: Die meisten Deutschen wünschen sich das«, Süddeutsche Zeitung (https://www.sueddeutsche.de/wirtschaft/vier-tage-woche-arbeitszeit-1.5533070)
4 Bundesministerium für Familie, Senioren, Frauen und Jugend (2005): »Work. Life. Balance. Motor für wirtschaftliches Wachstum und gesellschaftliche Stabilität. Analyse der volkswirtschaftlichen Effekte – Zusammenfassung der Ergebnisse« (https://www.bmfsfj.de/resource/blob/95550/eb8fab22f858838abd0b8dad47cbe95d/work-life-balance-data.pdf)
5 Bundesinstitut für Bevölkerungsforschung (2019): »Durchschnittsalter der Bevölkerung in Deutschland« (https://www.bib.bund.de/DE/Fakten/Fakt/B19-Durchschnittsalter-Bevoelkerung-ab-1871.html)

6 Statistisches Bundesamt (2021): »Jede fünfte Frau zwischen 45 und 49 Jahren war 2018 kinderlos« (https://www.destatis.de/DE/Presse/Pressemitteilungen/2019/12/PD19_475_122.html)

7 K. A. (2009): »Griesheim – die erste bespielbare Stadt Deutschlands«, Pressemitteilung Bespielbare Stadt.de (http://www.bespielbare-stadt.de/links/Spielstadt.pdf)

8 Bundesministerium für Familie, Senioren, Frauen und Jugend (2019): »Zweiter Gleichstellungsbericht – eine Zusammenfassung« (https://www.bmfsfj.de/bmfsfj/service/publikationen/zweiter-gleichstellungsbericht-eine-zusammenfassung-deutsch-122402)

9 Teresa Bücker (2020): »Zeit, die es braucht«, für die Bundeszentrale für politische Bildung (https://www.bpb.de/shop/zeitschriften/apuz/care-arbeit-2020/317843/zeit-die-es-braucht/)